NÄHEN KOMPAKT

Über **25** Lieblingsstücke
zum Wohlfühlen in S–XL

EIN BUCH DER
EDITION MICHAEL FISCHER

IMPRESSUM

Bibliografische Information der Deutschen Bibliothek.

Die Deutsche Bibliothek verzeichnet diese Publikation in der Deutschen Nationalbibliografie.

Detaillierte bibliografische Daten sind im Internet über http://www.dnb.de/ abrufbar.

EIN BUCH DER EDITION MICHAEL FISCHER

1. Auflage 2018

© 2018 Edition Michael Fischer GmbH, Igling

Bildnachweis: Lissi Wilbat (S. 7–12, 89, 91, 93–95), Yvonne Jahnke (S. 15, 23–25, 47, 49, 51, 53, 55/56, 58/59), Stefanie Brugger (S. 16–22, 27, 29–31, 33, 35, 37/38, 62/63, 65, 68/69, 72/73), Katja Schubert, SHOT Fotografie (S. 26, 28, 32, 34, 36, 60, 64, 66, 70, 76, 80, 82), Silke Weinsheimer (S. 39, 43), Swantje Wendt (S. 40–42, 44/45, 79, 85/86), Corinna Teresa Brix (S. 48, 50, 52, 54, 57, 78, 84), Patrick Wittmann (S. 74, 88, 90, 92), Kristin Ritschel (S. 75), Claudia Holtgrefe (S. 77, 81, 83)

Texte: Jennifer Schleich (S. 14), Stefanie Brugger (S. 16–22, 26–38, 60–73), Swantje Wendt (S. 39–45, 78, 84), Yvonne Jahnke (S. 23–25, 46–59), Kristin Ritschel (S. 74), Claudia Holtgrefe (S. 76, 80–83), Lissi Wilbat (S. 88–95)

Redaktion und Lektorat: Beate Schmitz

ISBN 978-3-86355-867-3

Printed in Slovakia

www.emf-verlag.de

INHALT

Wohlfühlhose, S. 66

Decke mit Briefecke, S. 82

Bandeau-Bra, S. 39

Klassischer Slip, S. 43

Ballerinas, S. 80

VORWORT

♥ Jersey ist ein echter Allrounder! ♥

Es lassen sich mit ihm nicht nur Kleidungsstücke, sondern auch hinreißende Accessoires nähen.

Ob du eine Overlock-Nähmaschine besitzt oder eine handelsübliche – mit diesem Buch kannst du direkt in dein erstes Projekt starten. Die wichtigsten Grundlagen, die du für die Verarbeitung von Jerseystoffen benötigst, werden dir vorab erklärt.

Coole Shirts, lässige Tops, modische Accessoires und Projekte für Kinder werden mithilfe des elastischen Stoffs zu wahren Hinguckern.

Du wirst schnell merken: Mit Jersey zu nähen macht nicht nur süchtig, sondern auch überaus glücklich!

STOFFKUNDE

Alle Jerseystoffe sind durch das Herstellungsverfahren, ihre Strickart, bereits dehnbar. Durch Beimischung von Elasthan werden die Stoffe elastisch, das heißt, sie bringen sich wieder in ihre ursprüngliche Form zurück und leiern nicht aus. Die häufigsten Bestandteile von Jerseystoffen sind Baumwolle (Baumwoll-Jersey), Viskose (Viskose-Jersey), Polyester, Polyamid, Modal und Wolle.

SINGLE-JERSEY, TRIKOT

Single-Jersey wird auch Trikot genannt. Es handelt sich um einen einlagig gestrickten Stoff. Auf der Vorderseite hat Single-Jersey rechte Maschen, auf der Rückseite linke Maschen. Dadurch ist dieser Stoff sehr dehnbar und relativ dünn. Nachteile sind dabei, dass er recht anfällig für Laufmaschen ist und sich die Seiten leicht einrollen.
Gut geeignet für: Shirts, Kleider, leichte Röcke, Leggings, Pullover, Mützen

DOUBLE-JERSEY, ROMANIT

Zweilagig gestrickter Stoff. Er hat entweder beidseitig rechte Maschen oder beidseitig linke Maschen. Dadurch wird der Stoff robuster und fällt etwas schwerer.
Gut geeignet für: festere Shirts, Hosen, Röcke, Jacken

INTERLOCK(-JERSEY)

Bei Interlock handelt es sich ebenfalls um einen zweiseitig gestrickten Stoff. Durch seine Kreuzbindung entsteht ein zweilagiger Stoff, der auf beiden Seiten nur rechte Maschen zeigt. Seine beiden Seiten sind miteinander verbunden. Interlock besteht in der Regel aus 100 % Baumwolle. Er ist sehr strapazierfähig und rollt sich an den Seiten nicht ein, was die Verarbeitung sehr erleichtert. Durch seine Kreuzbindung ist Interlock zwar dehnbar, jedoch nicht elastisch.
Gut geeignet für: weitere Shirts, Kleider, Hosen, nicht jedoch für eng sitzende Kleidung

BÜNDCHENWARE

Bündchenware ist einlagig gestrickter Stoff, bei dem sich rechte und linke Maschen abwechseln. Auch ohne Elasthananteil hat der Stoff leichte Rücksprungeigenschaften, leiert aber schnell aus.
Ohne Elasthananteil nimmt man Bündchenware nur für Ärmel-, Knöchel- und Halsbündchen. Bei Bauchbündchen muss häufig zusätzlich ein Gummiband eingearbeitet werden.
Rippen-Jersey dagegen ist meist mit Elasthananteil und perfekt für alle Bündchen.
Gut geeignet für: Bündchen

SWEATSHIRT-STOFF

Einlagig gestrickter Stoff. Auf der Rückseite wird ein weicher Futterfaden mitgeführt, der später angeraut wird und so für eine kuschelige Seite sorgt.
Gut geeignet für: Pullis, Hosen, Jacken

SOMMER-SWEAT, FRENCH TERRY

Er wird wie der Sweatshirt-Stoff gestrickt, nur dass die Rückseite später nicht angeraut wird.
Gut geeignet für: leichtere Pullis, Jacken, Kleider, Hosen

STRETCH-FROTTEE

Bei der Herstellung wird ein zusätzlicher Faden eingebunden, der an der Oberfläche in sich verdrehte Schlingen bildet.
Gut geeignet für: Sportbekleidung, Schlafanzüge

FLEECE

Ein dichtes Gewebe aus meistens 100 % synthetischen Fasern. Dieser Stoff gehört auch zur Maschenware. Die äußere Struktur ist aufgeraut. Fleece ist sehr voluminös und hat hervorragende Wärmeisoliereigenschaften.
Gut geeignet für: Outdoor-Kleidung

Single-Jersey

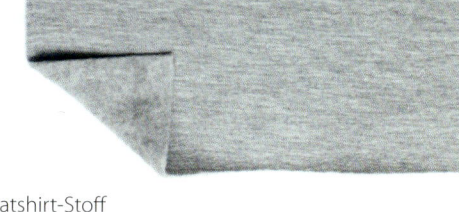

Sweatshirt-Stoff

Double-Jersey

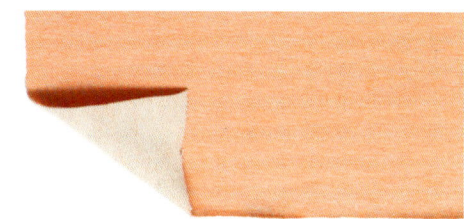

Sommer-Sweat

Interlock(-Jersey)

Stretch-Frottee

Bündchenware

Fleece

Rippen-Jersey

TIPP

Gerade für Kinderkleidung möchtest du vielleicht ganz genau wissen, welchen Stoff du kaufst. Der *Global Organic Textile Standard (GOTS)* ist ein weltweit angewendeter Standard für die Verarbeitung von Textilien aus biologisch erzeugten Naturfasern. Wenn dein Stoff dieses Siegel trägt, nähst du Biokleidung.

OVERLOCK-MASCHINE

GREIFER, NADELN UND MESSER

Die Overlock-Maschine hat ein integriertes Messer, das die Nahtzugaben sauber abschneidet. Mit den beiden Greifern (Obergreifer und Untergreifer), die den Stoff umschlingen, und mit den zwei Nadeln werden die Stiche gebildet. Das Messer kann bei einigen Overlock-Maschinen weggedreht werden, wenn man den Stoff beispielsweise zum Versäubern der Garnraupen einmal nicht abschneiden möchte.

STICHLÄNGE

Die Stichlänge der gewünschten Naht kann eingestellt werden. Bei einem Rollsaum beispielsweise muss die Stichlänge auf die minimale Länge eingestellt werden.

Zum normalen Nähen mit der Overlock-Maschine ist man mit der Standardeinstellung gut beraten.

FADENSPANNUNG

Das Garn läuft vom Garnrollenhalter durch die Spannungsscheiben, mit denen man jedes Garn einzeln spannen kann. In der Regel ist man auch hier mit der Standardeinstellung gut beraten.

Bei einigen Stoffen empfiehlt es sich, die Spannungen der Greifer oder die der Nadeln etwas zu lösen oder fester zu stellen. Genaue Hinweise dazu liefert die Bedienungsanleitung deiner Overlock-Maschine.

EINFÄDELN DER OVERLOCK-MASCHINE

In der Regel wird die Overlock-Maschine von rechts nach links eingefädelt, ähnlich wie du es von deiner normalen Nähmaschine kennst:

1. zuerst der Untergreifer (Garnrolle ganz rechts),

2. dann der Obergreifer (2. Garnrolle von rechts),

3. dann die rechte Nadel (2. Garnrolle von links),

4. zuletzt die linke Nadel (Garnrolle ganz links).

Verwende zum Einfädeln die Pinzette, die zum Lieferumfang der Maschine gehören sollte. Diese Pinzette benötigst du immer wieder. Versuche gar nicht erst, die Fäden ohne eine Pinzette einzufädeln – du wirst sonst daran verzweifeln!

Wie genau die einzelnen Fäden eingefädelt werden, entnimmst du auch der Bedienungsanleitung deiner jeweiligen Maschine. Sollte mal ein Faden reißen, kannst du diesen nicht einfach „zwischenrein" einfädeln, sondern du musst dich an die Reihenfolge halten. Immer! Viele Maschinen haben farbige Markierungspunkte an den einzelnen Stationen der Fäden, was das komplizierte Einfädeln enorm erleichtert.

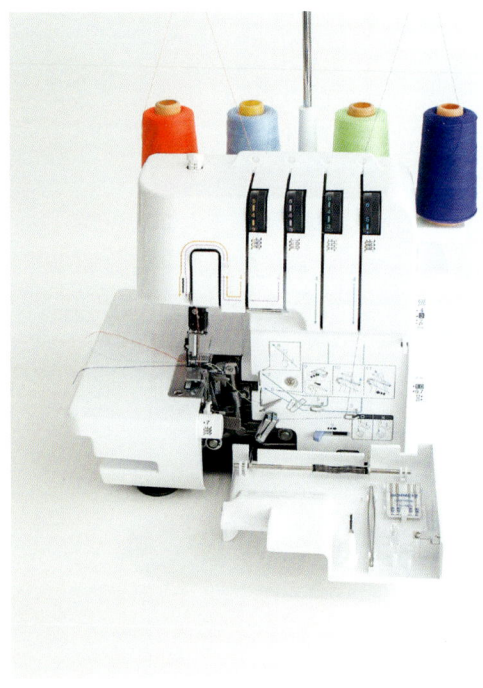

HÄUFIG VERWENDETE OVERLOCK-STICHE

4-Faden-Overlock mit Sicherheitsnaht wird zum Versäubern und Zusammennähen verwendet. Hier werden beide Nadeln genutzt. Erzielt besonders belastbare Overlock-Nähte, sehr gut geeignet für Kinderkleidung.

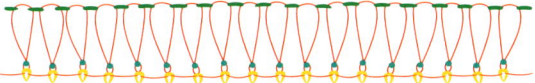

3-Faden-Superstretchnaht wird zum Versäubern und Zusammennähen verwendet, wenn eine besonders schmale Naht erwünscht ist. Hier wird nur eine Nadel genutzt. Besonders geeignet ist die Naht bei sehr dehnbaren Stoffen.

3-Faden-Rollsaum wird zum Säumen verwendet. Hier wird nur eine Nadel genutzt. Viele Overlock-Maschinen haben Voreinstellungen für den Rollsaum. Die Nahtbreite und die Stichlänge werden auf ein Minimum reduziert.

DIFFERENZIALTRANSPORT

Eine gute Overlock-Maschine hat einen Differenzialtransport. Dieser besteht aus zwei Transportplatten unter dem Nähfuß: einer vorderen und einer hinteren. In der Standardeinstellung (1 oder N) arbeiten die beiden Transporteure gleich schnell.

Ist das Differenzial kleiner eingestellt (0,7–1), arbeitet der hintere Transporteur schneller als der vordere. Dadurch wird der Stoff beim Nähen unterschiedlich schnell transportiert und etwas gedehnt. Ein welliges Nahtbild entsteht, sobald sich der Stoff wieder zusammenzieht. Eine wellige Kante kann erwünscht sein, z. B. beim Rollsaum.

Wird das Differenzial größer eingestellt (1–2), arbeitet der hintere Transporteur langsamer als der vordere. Dadurch wird der Stoff etwas eingehalten. Durch ein größer eingestelltes Differenzial kann auch feiner Viskosestoff ohne Wellen genäht werden. Je nach Einstellung führt dies auch zur Kräuselung des Stoffs.

OVERLOCK-NAHT AUFTRENNEN

Manchmal muss es leider sein: Ein ärgerlicher Fehler hat sich eingeschlichen und eine Naht soll wieder aufgetrennt werden.

1. Lege die Overlock-Naht mit der Oberseite nach oben vor dich hin. Fahre mit dem Nahttrenner zwischen dem Stoff und der obersten Reihe der Fäden entlang.

2. Drehe den Stoff auf die Rückseite. Ziehe leicht an einer stehengebliebenen Schlaufe, du kannst in einem Zug den gesamten Faden lösen. Entferne zum Schluss die übrigen Fäden.

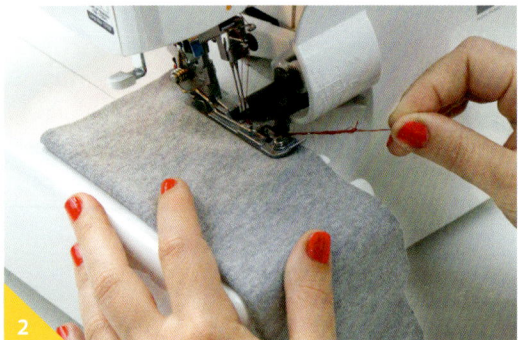

SICHERN DER KETTE

Am Anfang einer Naht

1. Lass eine Fadenkette von ca. 10 cm stehen, bevor du den Stoff einlegst. Nähe dann 1–2 Stiche, greife die Fadenkette und lege sie nach vorn unter den Nähfuß.

2. Nähe jetzt die Fadenkette 2 cm lang in die Naht ein. Ziehe das restliche Ende der Fadenkette unter das Messer und schneide dieses ab.

SICHERN DER KETTE

Am Ende einer Naht

1. Nähe am Ende einer Naht einen Stich über den Stoff hinaus und halte die Maschine an. Hebe den Nähfuß und die Nadel an und drehe den Stoff auf die Rückseite. Lege ihn wieder unter den Nähfuß.

2. Nähe noch mal 3–4 cm, ohne die vorher entstandene Naht zu zerschneiden (das Messer hochklappen, wenn möglich). Ziehe den Stoff während des Nähens seitlich aus der Maschine heraus und lass die Naht noch ca. 5 cm weiterlaufen. Die überstehenden Fäden können jetzt abgeschnitten werden.

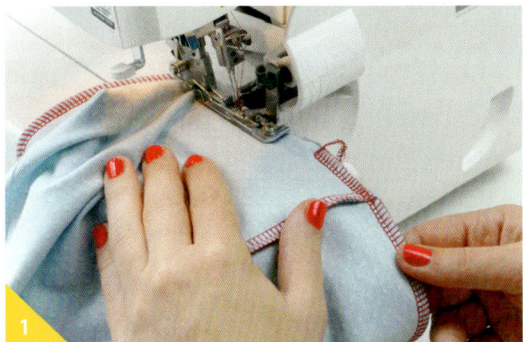

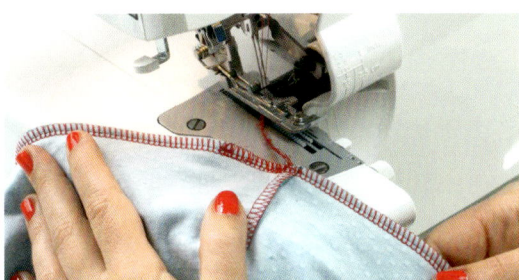

SICHERN DER KETTE

In Runden

1. Bei allen Arten von Bündchen oder z. B. beim Annähen eines Rockteils nähst du bis an den Anfang der Naht heran und dann ca. 3 cm schräg über die Naht hinweg. Ziehe nun so seitlich das Nähstück aus der Maschine heraus und achte dabei darauf, dass der Anfang der Naht nicht angeschnitten wird.

2. Schneide den Faden mit ca. 5 cm Überstand ab und verknote ihn am Ende.

SICHERN DER KETTE

Mit der Häkelnadel

1. Lass am Ende deines Nähprojekts eine Fadenkette von ca. 5 cm stehen.

2. Stich mit der Häkelnadel durch die Overlock-Naht hindurch, fang den Faden ein und ziehe ihn so in die Naht hinein. Hier ist er gesichert.

HAUSHALTSNÄHMASCHINE

TRANSPORT

Lass den Stoff auf jeden Fall immer von der Maschine führen, also weder am Stoff ziehen noch ihn „anschubsen" – dies führt nur dazu, dass die Naht wellig oder gekräuselt wird.

Sollten einmal ungewollt doch kleinere Wellen entstehen, kannst du sie mit dem Bügeleisen wieder glätten. Dazu dämpfe den Stoff von oben herab. Setze das Bügeleisen mehrmals leicht auf die Wellen und drücke sie platt. Schiebe die Wellen auf dem Stoff nicht mit dem Bügeleisen vor dir her, das würde den Welleneffekt nur noch weiter verstärken!

Überprüfe bei Wellenbildung auch den Nähfußdruck und setze ihn, wenn möglich, herab. Alternativ kannst du einen Papierstreifen unter dem Nähfuß mitführen. Diesen legst du von links auf den Stoff und unter den Nähfuß, jedoch nur bis knapp an die Nadel heran, sodass der Streifen nicht eingenäht wird.

GENÜGEND NAHTZUGABE

Am Anfang der Naht kann es passieren, dass ein sehr leichter Jerseystoff in die Maschine hineingezogen wird. Dabei spricht man auch vom „Stofffraß". Hier hilft es, genügend Nahtzugabe einzurechnen. Beginne den ersten Stich 5 mm vom Rand entfernt und ziehe dabei leicht an den Anfangsfäden, so rutscht der Anfang ohne Probleme durch.

RICHTIGE NADEL, RICHTIGER STICH

Beim Nähen von dehnbaren Stoffen mit der Haushaltsnähmaschine ist darauf zu achten, dass die Naht elastisch sein muss, damit sie mit dem Stoff zusammen nachgeben kann und nicht reißt.

Wichtig ist hier die richtige Wahl der Nadel: Am besten sind Jerseynadeln geeignet.

Die rechts beschriebenen Sticharten der Haushaltsnähmaschine sind für dehnbare Stoffe geeignet.

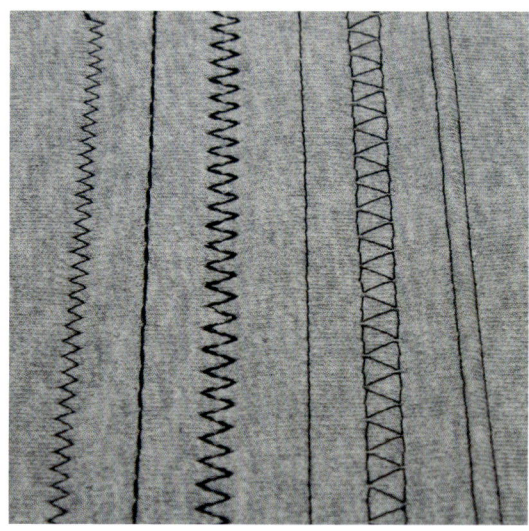

STICHE FÜR DEHNBARE STOFFE

ZICKZACKSTICH

Der Zickzackstich wird am besten mittelbreit und mittellang eingestellt. Dieser Stich bleibt elastisch. Je schmaler der Zickzackstich eingestellt ist, desto weniger dehnbar ist die Naht später. Verwende diesen Stich für das Zusammennähen der einzelnen Teile. Grundsätzlich muss Jerseystoff nicht unbedingt versäubert werden, da er nicht aufribbelt. Wenn du es aus optischen Gründen dennoch machen möchtest, verwende auch hierfür den Zickzackstich, sehr breit und mittellang eingestellt.

DREIFACHGERADSTICH

Hierzu macht die Nähmaschine zwei Stiche vorwärts und dann einen Stich rückwärts. Dieser Stich ist ein wenig dehnbar, aber vor allem extrem reißfest. Er könnte auch für das Zusammennähen der einzelnen Teile angewendet werden, ist jedoch (sollte doch mal etwas schieflaufen) extrem schwer wieder aufzutrennen.

DREIGETEILTER ZICKZACKSTICH

Der dreigeteilte Zickzackstich ist enorm dehnbar. Statt die Richtung nach jedem Stich zu wechseln, macht er drei kleine Stiche in eine Richtung und dann drei kleine in die andere usw. Der dreigeteilte Zickzackstich eignet sich gut zum Absteppen von Nähten, wie z. B. am Saum oder zum Annähen eines Belegs. Auch mit diesem Stich, kurz und schmal eingestellt, können die einzelnen Schnittteile gut zusammengenäht werden.

ZWILLINGSNADEL

Durch Verwendung der Zwillingsnadel entsteht eine doppelt gesteppte Naht, die aus zwei Oberfäden und nur einem Unterfaden gebildet wird. Der Unterfaden verläuft dabei im Zickzack. Dadurch ist die Naht elastisch.

GERADSTICH

Der Geradstich wird bei dehnbaren Stoffen nur zum Annähen von Taschen und Applikationen oder zum Absteppen von Ausschnittbündchen o. Ä. angewendet. Wenn du Nähte hast, die im Fadenlauf verlaufen, kannst du den Geradstich auch hier anwenden, beispielsweise beim Zusammennähen von Bündchen.

OVERLOCKSTICH

Viele Nähmaschinen haben bereits Overlock-Stiche. Diese nähen und versäubern in einem Schritt und bleiben sehr dehnbar. Jedoch muss die Nahtzugabe bereits sehr sauber abgeschnitten sein, sodass der Rand auch gut mit eingefasst werden kann.

TIPP

Wenn du erst mit dem Nähen von Jersey beginnst, ist es ratsam, an der Haushaltsnähmaschine zuerst einmal dickere dehnbare Stoffe zu verarbeiten. Normaler Sweatshirt-Stoff sollte für die meisten Haushaltsnähmaschinen noch kein Problem darstellen. Dünner Jersey ist durchaus eine Herausforderung.

MASSTABELLE

MASSTABELLE

Bevor du mit dem Zuschneiden beginnst, schaust du anhand der Maßtabelle und deiner eigenen Werte, welche Größe oder Größen infrage kommen.

Bevor du dein Wunschteil zuschneidest, solltest du über-prüfen, ob der Schnitt mit deinen Körpermaßen überein-stimmt. Wichtig sind bei Röcken vor allem die Taillen- und Hüftweite, bei Kleidern zusätzlich noch der Brustumfang. Kontrolliere diese Werte, um dann, falls nötig, Anpassun-gen vorzunehmen.

Wähle deine Größe und pause alle Schnittteile auf Schnitt-papier ab. Hast du kein halbtransparentes Papier, kannst du die Schnittteile auch mit Kopierrädchen und Kopier-papier auf kräftiges Papier – oder auf Plastikplanen aus dem Baumarkt – übertragen. Liegst du zwischen zwei Größen, kopiere die Linien beider Größen.

Größe	S	M	L	XL
1 Oberweite	80 cm	88 cm	96 cm	100 cm
2 Taille	66 cm	72 cm	80 cm	85 cm
3 Hüfte	89 cm	97 cm	103 cm	106 cm
4 vordere Länge	43,3 cm	44,7 cm	46,3 cm	47,1 cm
5 Brusttiefe	25 cm	26,6 cm	28,4 cm	29,3 cm
6 Halsweite	35,2 cm	36,6 cm	38 cm	38,7 cm
7 Rückenlänge	40,4 cm	40,8 cm	41,2 cm	41,4 cm
8 Armlänge	59,4 cm	59,8 cm	60,2 cm	60,4 cm
9 Oberarmweite	26 cm	28,4 cm	30,8 cm	32 cm
10 Handgelenkweite	15,1 cm	15,7 cm	16,3 cm	16,6 cm
11 Beinaußenlänge	107 cm	107 cm	107,5 cm	107,5 cm

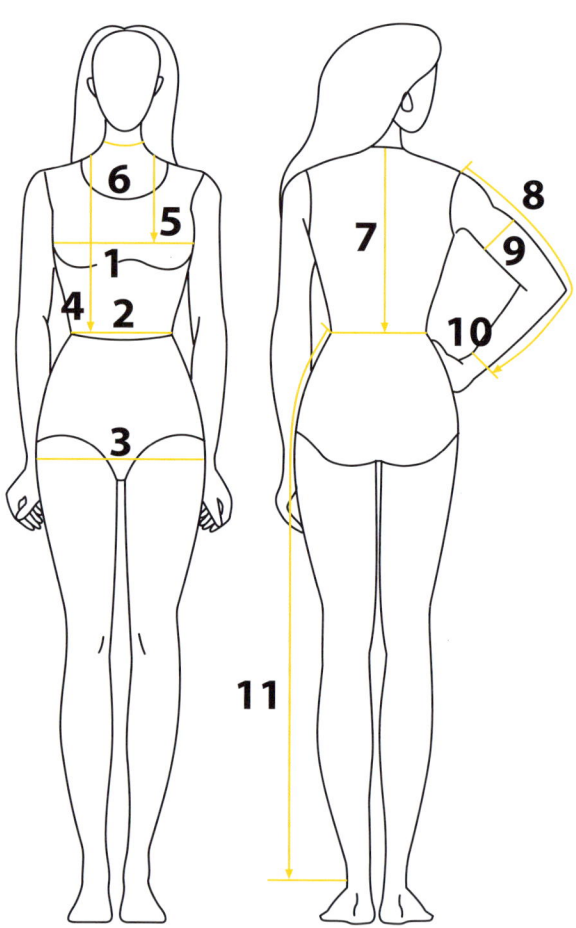

ZUSCHNITT VON JERSEYSTOFFEN

Schnittmuster, die im **Stoffbruch** zugeschnitten werden, legst du an die sogenannte „Stoffbruchkante". Dazu wird der Stoff so entlang des Maschenlaufs (= parallel zur Stoffkante) gefaltet, dass das Schnittmuster draufpasst. Der „Falz" im Stoff ist die Stoffbruchkante. Wenn hier ein Schnittmuster angelegt wird und die beiden Stofflagen gleichzeitig zugeschnitten werden, sind die Seiten des zugeschnittenen Stoffs hinterher gegengleich. Vorder- und Rückenteile werden meistens im Stoffbruch zuge- schnitten. Am Stoffbruch darf auch bei anderen Schnitt- mustern KEINE Nahtzugabe hinzugefügt werden!

Spiegelverkehrte Teile, wie z. B. Kapuzen oder Ärmel, werden in doppelter Stofflage gegengleich zugeschnit- ten. Dabei wird der Stoff wieder entlang des Maschen- laufs gefaltet. Das Schnittmuster wird hier aber nicht an die Faltlinie angelegt, sondern ggf. ringsherum mit Naht- zugabe zugeschnitten. Es entstehen zwei Schnittteile. Hier im Buch findest du jeweils beim Zuschnitt genaue Angaben, ob und wie viel Nahtzugabe du beim Zu- schneiden zugeben musst.

Es empfiehlt sich, das Schnittmuster auf dem in den Stoffbruch gelegten Stoff zu **fixieren**. Ich verwende dazu gern Gewichte. Auch Stecknadeln eignen sich gut.

Schnittmuster sind oft mit **Passformmarkierungen** ver- sehen: Am Ellbogen, am Knie, an Hüfte, Taille, an den Är- meln und am Armausschnitt. Übertrage dir diese Markie- rungen während des Stoffzuschnitts anhand von Knipsen (das sind maximal 2–3 mm große Einschnitte innerhalb der Nahtzugabe) auf den Stoff. So sind die Markierungen gleich an beiden Stofflagen sichtbar.

Markierungen für Ösen, Abnäher, Sitz eines Gummi- bands o. Ä. überträgst du am besten mit einem Trickmar- ker auf den Stoff. Für Punkte empfiehlt es sich, eine Stecknadel durch das Schnittmuster und die Stofflagen zu stecken. So kannst du die Markierungen punktgenau auf alle Stofflagen übertragen.

Schnittmuster, die rechteckig sind, können auch sehr gut mit einem **Rollschneider** und zugehöriger Schneidemat- te zugeschnitten werden. Viele (Hobby-)Schneiderinnen schneiden sämtliche Schnittteile gern mit dem Roll- schneider zu. Das ist jedoch Geschmackssache.

Wenn eine **Vlieseline** empfohlen wird, diese bestenfalls vor dem Zuschnitt auf den Stoff bügeln. Das erleichtert den Zuschnitt enorm. Vlieseline hat auch den Vorteil, dass sich Jerseystoff an den Kanten nicht so sehr aufrollt. Auch zum Verstärken von Nähten, die dauerhaft nicht ausleiern sollen, wie beispielsweise Ärmel- oder Hals- ausschnittnähte, ist Vlieseline empfehlenswert.

Stoffbruch

spiegelverkehrte Teile

Passformmarkierungen

Markierungen

ZUSAMMENSETZEN EINES T-SHIRTS

♥ SO GEHT'S

Fast alle T-Shirts werden nach demselben Prinzip zusammengenäht. In welcher Reihenfolge die Teile zusammengenäht werden, siehst du hier.

TIPP

Bereite die einzelnen Schnittteile vor dem Zusammennähen vor. Wenn du z. B. eine Brusttasche aufnähen oder eine Applikation anbringen möchtest, ist es meist leichter, das vor dem Zusammennähen zu tun.

1. Lege das Rücken- und Vorderteil rechts auf rechts. Stecke und nähe die beiden Schnittteile an den Schultern zusammen. Bügle die Nahtzugaben zum Rückenteil.

2. Wenn du ein T-Shirt mit Puffärmeln nähst, musst du diese vor dem Annähen an der Ärmelrundung, wie in der Anleitung beschrieben, einkräuseln.

3. Klappe die zusammengenähten Schnittteile auseinander, die rechte Stoffseite liegt oben. Stecke den Ärmel rechts auf rechts an den Armausschnitt, zunächst

die Ärmelmitte auf die Schulternaht, dann die Ärmelpasszeichen aufeinander, dann den Rest. An den Passzeichen erkennst du den rechten und linken Ärmel.

4. Jetzt nähst du den Ärmel an, die Nahtzugaben bügelst du ins Vorder- und Rückenteil.

5. Stecke nun dein T-Shirt so zusammen, dass Vorder- und Rückenteil rechts auf rechts liegen. Du kannst jetzt die Seitennähte und die Ärmelnähte an beiden Seiten jeweils mit einer durchgehenden Naht schließen. Schon ist das Shirt in seiner Grundform fertig! Probiere mal an – dann geht es an die Details. Der Halsausschnitt und die Säume werden gearbeitet. Hierzu gibt es unterschiedliche Verarbeitungsmethoden.

TIPP

Du hast dich vernäht? Zum Auftrennen einer Overlock-Naht gibt es einen Trick: Schneide an der versäuberten Kante ganz schmal die Fäden weg, die die Schnittkante einfassen. Dann ziehe vorsichtig die Nahtfäden heraus.

EINFASSEN MIT JERSEYSTREIFEN

♥ SO GEHT'S

Zum Einfassen kannst du fertiges elastisches Jersey-Schrägband verwenden. Du kannst den Einfassstreifen aber auch ganz leicht selber herstellen: Schneide einen Jerseystreifen in 4 cm Höhe bzw. der vierfachen Breite der gewünschten fertigen Einfassung zu. Weil der Streifen leicht gedehnt angenäht wird, muss er etwas kürzer sein als der Umfang des Halsausschnitts. Um die Länge des Streifens zu erhalten, miss den Halsausschnitt aus und multipliziere dieses Maß, je nach Elastizität deines Jerseys, mit 0,8–0,9. Füge noch Nahtzugaben hinzu. Wenn du dir bezüglich der Länge deines Einfassstreifens unsicher bist, stecke den Streifen vor dem Annähen zur Probe rundherum leicht gedehnt fest.

1. Nähe den Einfassstreifen an den Schmalseiten rechts auf rechts zum Ring zusammen. Stecke ihn rechts auf rechts mit der Naht an der hinteren Mitte, dann gleichmäßig gedehnt rundherum am Ausschnitt fest. Nähe den Streifen in 1 cm Entfernung (bzw. in ¼ der Breite des Einfassstreifens) zur Kante rundherum fest.

2. Falte den Einfassstreifen über den Halsausschnitt nach hinten zur linken Stoffseite und drehe dein Teil um.

3. Jetzt schlägst du den Einfassstreifen doppelt nach innen ein, zuerst so, dass die offene Kante auf die Ausschnittkante trifft, dann noch einmal, sodass die gefaltete Außenkante des Jerseystreifens die Naht von eben genau abdeckt.

4. Nähe den Streifen dann von der rechten Stoffseite her knappkantig fest. Dafür benutze wieder einen elastischen Stich, damit die Kante dehnbar bleibt.

5. So sieht die Einfassung von der Rückseite aus.

6. Alternativ kannst du den Einfassstreifen nach Schritt 2 nicht einschlagen, sondern nur zur linken Stoffseite umschlagen und 2 cm überstehen lassen. Nähe den Streifen von der rechten Seite fest und schneide dann auf der linken Stoffseite den überstehenden Stoff (ca. 1 cm) direkt neben der Naht vorsichtig ab.

BÜNDCHEN

♥ SO GEHT'S

Um die passende Länge des Bündchens zu ermitteln, miss den Ausschnitt, Ärmel- oder Hüftsaum deines T-Shirts aus und multipliziere die Länge mit 0,7 (bei weichen, sehr elastischen Bündchen) bis 0,9 (bei festem Bündchenstoff und Jersey). Bündchen werden immer gedehnt angenäht. Stecke den Streifen vor dem Annähen probehalber am Ausschnitt fest. Füge dann Nahtzugaben hinzu und schneide das Bündchen in dieser Länge und 3,5–4,5 cm Höhe zu. Das Annähen ist am Beispiel eines Halsbündchens erklärt. Bei Ärmel- und Saumbündchen funktioniert es genauso – nur werden bei diesen die Ansatznähte nie abgedeckt. Dafür gibt es bei Ärmel- und Saumbündchen noch kleine Tricks beim Zuschneiden, die auf der folgenden Seite beschrieben sind.

BÜNDCHEN AM HALSAUSSCHNITT

1. Lege den Streifen rechts auf rechts und nähe die kurzen Seiten mit einer elastischen Naht zusammen. Wählt man den Zickzackstich, kann man die Nahtzugaben auseinanderbügeln und das Bündchen wird flacher.

2. Falte das Bündchen so zur Hälfte, dass die Längskanten aufeinanderlegen, die Naht im Inneren verschwindet und die offenen Seiten nach oben zeigen.

3. Das Halsbündchen rechts auf rechts feststecken. Fixiere zuerst die Bündchennaht über der hinteren Mitte am T-Shirt-Rückenteil, dann stecke das restliche Bündchen gleichmäßig gedehnt rundherum fest.

4. Beim Annähen wird das Bündchen gleichmäßig gedehnt. Klappe und bügle das Bündchen dann nach oben. Eventuell zum Schluss die Naht rundherum mit einem elastischem Stich absteppen.

Saumkante × 0,85–0,9

Mittellinie, an der der
Stoff gefaltet wird

Saumkante × 0,85–0,9

HÜFTBÜNDCHEN

Du kannst die Unterkante des T-Shirts gut mit einem
Bündchen abschließen. Dieses zieht das T-Shirt unten
etwas zusammen, da es gedehnt angenäht wird. Hüftbündchen sind meist höher als Halsbündchen – je nach
Wunsch 4–6 cm hoch. Dadurch wird das T-Shirt etwas
länger, als im Schnittmuster vorgesehen. Wenn du ein
sehr hohes Bündchen hinzufügst, kürze das T-Shirt vorher um die Länge des fertigen Bündchens, damit die Gesamtlänge wieder stimmt. Füge dann noch Nahtzugaben, aber keine Saumzugaben hinzu.

Ein Hüftbündchen nähst du im Prinzip mit der gleichen
Methode an wie ein Halsbündchen. Beachte dabei aber
folgende Besonderheiten:
- Du kannst das Hüftbündchen als einen durchgehenden Streifen zuschneiden, der mit nur einer Naht zum
Ring geschlossen wird wie das Halsbündchen. Alter-
nativ (z. B. wenn dein Stoff dafür nicht breit genug ist)
kannst du das Bündchen auch aus zwei Teilen zuschneiden, die dann jeweils an den Seiten zusammengenäht werden.
- Schneide den oder die Bündchenstreifen in der doppelten Höhe der gewünschten fertigen Höhe aus
Bündchenware oder dem Jersey deines T-Shirts zu.
Für die Länge des Bündchens miss die Strecke des
Saums ab und multipliziere das Maß mit 0,7–0,9.
Gib dann noch die seitlichen Nahtzugaben dazu.
- Wenn dein Bündchen aus einem Streifen zugeschnitten ist, sollte die Naht, mit der du es zum Ring geschlossen hast, beim T-Shirt in der hinteren Mitte lie-
gen. Bei einem aus zwei Streifen zusammengenähten
Bündchen liegen die Nähte des Bündchens genau
auf den Seitennähten des Shirts.

ÄRMELBÜNDCHEN

Ärmelbündchen werden im Prinzip mit derselben
Methode angenäht wie Halsbündchen. Beachte aber
ein paar Besonderheiten:
- Wenn du mittelhohe Ärmelbündchen für die Ab-
schlüsse an ¾-Ärmeln und an langen Ärmeln hin-
zufügst, kürze die Ärmel entsprechend. Bei einigen
Modellen ist die hierfür relevante Schnittlinie am
Schnittmuster bereits gekennzeichnet.
- Die Bündchenhöhe kannst du auch nach deinen
Wünschen anpassen und erhöhen. Kürze das Schnittteil für den Ärmel dann um das Maß der gewünschten Bündchenhöhe. An kurzen Ärmeln machen sich
meist kürzere Bündchen mit einer fertigen Länge von
1–3 cm gut.
- Um die Maße für das Bündchen zu ermitteln, miss die
Länge der so entstandenen Saumkante am Ärmel ab.
Dieses Maß × 0,7–0,9 + Nahtzugaben ergibt die Länge deines Bündchens. Die Höhe entspricht der doppelten gewünschten Höhe des fertigen Bündchens
plus Nahtzugaben.
- Du kannst die Ärmelbündchen an den Seitenkanten
noch etwas zur Mittellinie hin abschrägen. Die Bündchen sind in der Mitte am schmalsten, an den Enden
breiter. So werden die Bündchen nach unten hin etwas schmaler, was vor allem bei sehr langen Ärmelbündchen schön ist.

♥ SO GEHT'S

BÜNDCHEN AM V-AUSSCHNITT

Du brauchst einen 3,5–4,5 cm hohen Stoffstreifen aus Bündchenware oder Jersey. Miss für die Länge den Halsausschnitt am T-Shirt aus und multipliziere dieses Maß mit 0,8. (bei weniger elastischen Stoffen mit 0,9). Füge in der Länge Nahtzugaben hinzu.

1. Bügle den Streifen links auf links zur Hälfte, sodass die Längskanten aufeinanderliegen. Die Enden schräge im Winkel von 45° ab. Oben siehst du den aufgeklappten Streifen.

2. Nähe die Enden des Streifens rechts auf rechts entlang der zackenförmigen Einschnitte zusammen. Verwende dafür einen Geradstich oder schmal eingestellten Zickzackstich. Bügle die Nahtzugaben auseinander.

3. Falte den Streifen wie eben wieder links auf links zur Hälfte. Die Spitze des Vs formt sich aus. Die überstehenden Nahtzugaben kannst du abschneiden. Mache dir auf halber Länge des Bündchens, genau gegenüber der V-förmigen Spitze, eine Markierung am Bündchen.

4. Verstärke die Spitze des V-Ausschnitts am Vorderteil auf der linken Seite mit einem kleinen Stück Einlage. Schneide die Spitze nicht weiter als 5 mm ein.

5. Stecke das Bündchen ab der V-Ausschnittspitze rechts auf rechts an den Ausschnitt. Du kannst das Vorderteil an der eingeschnittenen Stelle vorsichtig auseinanderziehen, um die Spitze des Bündchens besser anstecken zu können. Die Nahtecke, die du jetzt nähst, muss genau auf der Naht des Bündchens sitzen. Fixiere das Bündchen links und rechts der Spitze mit einer jeweils 1–2 cm langen, parallel zur Bündchenkante verlaufenden Naht am Vorderteil. Nähe hier mit der Haushaltsnähmaschine und verwende den Geradstich oder einen sehr schmal eingestellten Zickzackstich.

6. Überprüfe, ob die Spitze des Bündchens schön in der Spitze des Ausschnitts liegt. Wenn alles passt, kannst du nun das Bündchen auch rund um den restlichen Ausschnitt feststecken. Stecke dabei die Markierung am Bündchen über der hinteren Mitte des T-Shirt-Rückenteils fest. Dehne das Bündchen gleichmäßig zwischen dieser Markierung und der Spitze des Vs.
Nähe dann das Bündchen rundum an den Halsausschnitt. Beginne dabei (mit der Overlock-Maschine) an der Spitze des Vs. Nähe von dort rundherum, bis du von der anderen Seite wieder an der Spitze ankommst. Bügle die Nahtzugaben vom Ausschnitt weg. Du kannst sie rundherum schmalkantig absteppen.

♥ SO GEHT'S

ANSATZNAHT DES HALSBÜNDCHENS MIT JERSEYSTREIFEN VERDECKEN

Diese Versäuberungsmethode funktioniert ähnlich wie das Annähen eines Belegs.

1. Schneide einen 2–2,5 cm hohen Jerseystreifen zu. Seine Länge entspricht der Breite des hinteren Halsausschnitts plus ca. 1 cm.

2. Der Jerseystreifen wird am Rückenteil zwischen den Schulternähten an das bereits angenähte, aber nicht umgeklappte Halsbündchen genäht, also in der Nahtlinie des Bündchens. Du kannst ihn auch gleichzeitig mit dem Bündchen annähen, das ist aber schwieriger. Für einen sauberen seitlichen Abschluss schlage die Enden des Jerseystreifens an den Rändern 0,5 cm breit zur linken Stoffseite ein.

3. Klappe als Nächstes das Bündchen und den angenähten Streifen nach oben. Schlage dann die offene Kante des Jerseystreifens schmal zur linken Seite hin um. Dann falte den ganzen Jerseystreifen so nach innen ein, dass er die Nahtzugaben verdeckt und an der Bündchennaht anstößt, und stecke ihn schließlich fest.

4. Nähe nun den Jerseystreifen mit einem schmal eingestellten Zickzackstich oder mit einem Geradstich fest – die Bündchenansatznaht wird dabei verdeckt und das T-Shirt hat somit noch ein hübsches Detail bekommen.

TIPP

Wenn du möchtest, kannst du beim Festnähen des eingeschlagenen Versäuberungsstreifens – oder auch bei einem einfachen Halsbündchen – noch ein hübsches Label, ein Größenetikett o. Ä. mitfassen.

RAFFEN/KRÄUSELN

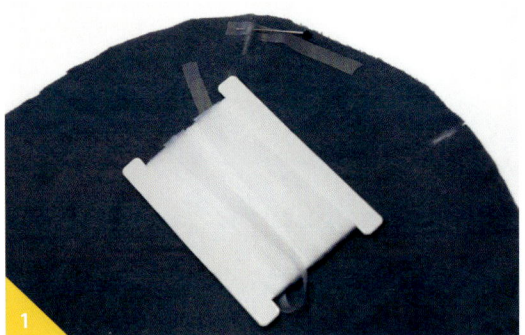

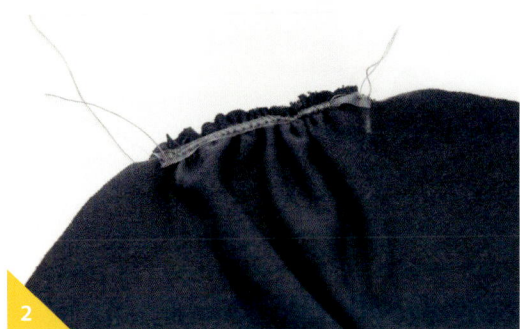

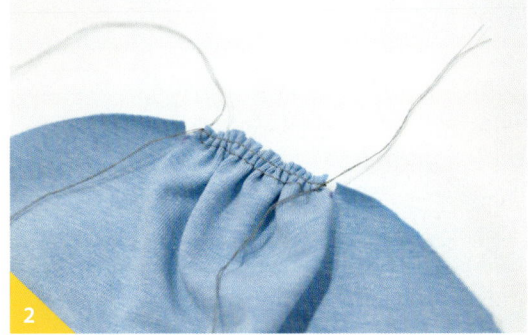

RAFFEN/KRÄUSELN MIT FRAMILONBAND

Framilonband ist ein weiches, transparentes Gummiband. Mit Framilonband gekräuselte Nähte bleiben elastisch.

1. Markiere den zu raffenden Bereich auf der linken Stoffseite. Schneide das Framilonband in der gewünschten Länge (Breite nach Raffung + 2 cm Nahtzugabe) zu und stecke es mit 1 cm Abstand zu den Markierungen fest, d. h., das Band beginnt 1 cm vor der ersten Markierung und endet 1 cm nach der zweiten.

2. Der erste Zentimeter – also die Nahtzugabe – wird ungedehnt angenäht und hier wird die Naht auch verriegelt. Nähe das Framilonband ab der Markierung gedehnt mit dem Zickzackstich fest. Hinter der zweiten Markierung nähst du das Framilonband nochmals 1 cm ungedehnt fest und sicherst die Naht durch Verriegeln.

RAFFEN/KRÄUSELN MIT ZWEI FÄDEN

Alternativ kannst du Raffungen auch einfach durch zwei nebeneinanderliegende Nähte arbeiten:

1. Vergrößere die Oberfadenspannung etwas. Markiere den zu raffenden Bereich. Nähe zwischen den Markierungen mit der Nähmaschine zwei parallele Nähte mit dem längsten Geradstich: eine 5 mm oberhalb, eine 5 mm unterhalb der späteren Naht (bei 1 cm Nahtzugabe also mit 0,5 und 1,5 cm Abstand zum Rand). Die Enden nicht verriegeln. Verknote die Unterfäden an den Enden jeweils miteinander und ziehe dann von beiden Seiten vorsichtig an den Oberfäden, bis die Raffung der gewünschten Breite entspricht.

2. Verknote nun auch die anderen Enden und verteile die Raffung gleichmäßig.

SÄUME

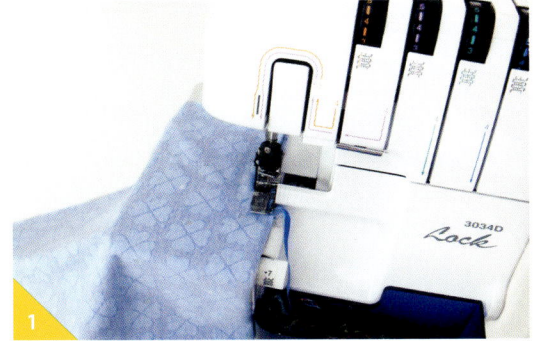

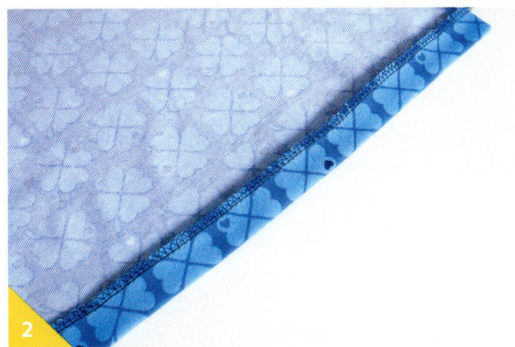

EINFACHER UMSCHLAGSAUM

Am einfachsten säumst du, indem du die Saumkante zur linken Stoffseite hin nach innen einschlägst und festnähst. Du brauchst dafür bei geraden Säumen eine Saumzugabe von ca. 2,5–3 cm, weil schmalere Säume sich beim Tragen manchmal nach außen klappen. Gerundete Säume gelingen allerdings besser, wenn sie nur etwa 1,5–2 cm nach innen eingeschlagen werden.

1. Versäubere zur Vorbereitung die Saumkante mit einer Overlock-Naht. Dabei ist es hilfreich, den Differenzialtransport etwas hochzustellen – so zieht sich der Saum leicht zusammen und lässt sich beim Umfalten passgenau in das T-Shirt hineinlegen. Mit einer Haushaltsnähmaschine kannst du den Stoff mit einem über die Kante hinausgehenden Zickzackstich versäubern.

2. Schlage den Stoff in der Breite der von dir hinzugefügten Saumzugabe nach innen. Bügle die Faltkante, damit alles glatt liegt.

3. Nähe den Saum am oberen Rand knappkantig fest, z. B. mit dem dreigeteilten Zickzackstich oder einem elastischen Zierstich. Du könntest hier auch eine Zwillingsnadel verwenden, dann musst du den Saum von der rechten Stoffseite festnähen.

TIPP

Da Jersey in den meisten Fällen nicht ausfranst, kannst du für einen besonders lässigen Look, oder wenn es mal sehr schnell gehen muss, dein T-Shirt auch einfach ungesäumt lassen.

ROLLBÜNDCHEN

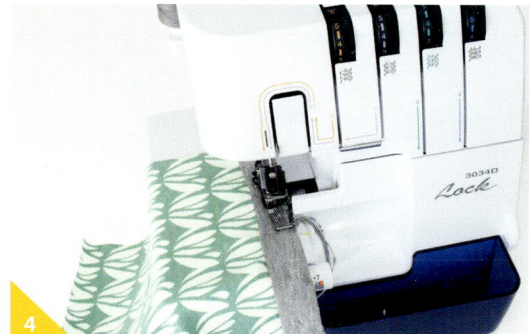

Das Rollbündchen gehört eindeutig zu den sehr lässigen Saumabschlüssen: Zwei unversäuberte Jerseystreifen, die sich dekorativ einrollen, werden an die Saumkante genäht. Das klappt am besten mit Baumwoll-Jersey mit Elasthananteil, mit Interlock-Stoffen funktioniert es allerdings gar nicht.

1. Bündchen zuschneiden
Schneide für jeden Saum zwei Jerseystreifen zu: einen Jerseystreifen in 2 cm Höhe und einen weiteren in 3 cm Höhe. Die Länge wird wie folgt berechnet: Umfang deines Saums × 0,9.

2. Ersten Streifen feststecken
Stecke erst den 2 cm hohen Streifen leicht gedehnt rechts auf rechts auf deinen Saum.

3. Zweiten Streifen feststecken
Lege nun den 3 cm hohen Streifen mit der rechten Stoffseite nach unten darauf.

4. Streifen annähen
Nähe die offenen Kanten (3 Stofflagen) mit der Overlockmaschine oder einem elastischen Stich deiner Haushaltsnähmaschine zusammen.

5. Kante absteppen

Schlage die Jerseystreifen nach oben und nähe die Naht-zugabe von der rechten Stoffseite fest. Durch Ziehen an den Jerseystreifen rollen sich die Kanten auf. Spätestens nach der ersten Wäsche!

6. Oder andersrum?

Alternativ kannst du die Jerseystreifen bei Punkt 2 und 3 auch links auf links auf den Saum stecken, wenn du möchtest, dass die Overlock-Naht außen sichtbar ist. Hier dann erst den 3 cm hohen und dann den 2 cm ho-hen Streifen auflegen und mit der Overlock annähen.

7. Kante absteppen

Die Kante wird auch hier von der rechten Seite abge-steppt. Nähe dabei einfach die Overlock-Naht auf der Ausschnittkante fest.

8. Fertiges Rollbündchen

Nähst du das Bündchen auf der linken Stoffseite an, sieht das Ergebnis wie eine Coverlock-Naht aus.

SHIRT MIT RÜSCHEN

♥ MATERIAL

- Jersey in Uni: 100 cm, 140 cm breit
- Bündchenware: ca. 10 cm – alternativ kannst du für die Bündchen den Hauptstoff verwenden
- Jersey in Kontrastfarbe zum Abdecken der Bündchenansatznaht: 5 × 30 cm (optional)
- Framilonband: Länge = fertige Gesamtlänge aller Rüschen: ca. 80–100 cm (optional)

♥ ZUSCHNITT

An allen Kanten, falls nicht anders angegeben, 1 cm Naht- bzw. 3 cm Saumzugabe zugeben. Die Streifenhöhe beinhaltet bereits die Nahtzugaben.

- **Aus Jersey**
  - 1 × Schnittteil 1 (Vorderteil, SB 1) im Stoffbruch; tiefer Ausschnitt ohne Nahtzugabe, gerader Saum mit Saumzugabe
  - 1 × Schnittteil 2 (Rückenteil, SB 1) im Stoffbruch; Rundhalsausschnitt ohne Nahtzugabe, gerader Saum mit Saumzugabe
  - 2 × Schnittteil 4 (Puffärmel, SB 1), gegengleich; Kurzarm ohne Nahtzugabe am unteren Rand
  - ungerade Anzahl Jerseystreifen für die Rüschen, hier: 7 Streifen, 1,5 cm breit und 1 × 23 cm, 2 × 18 cm, 2 × 14 cm und 2 × 9 cm lang. Die Streifen sind 1,5–2 × so lang wie die gewünschte Länge nach dem Kräuseln.

- **Aus Bündchenware (bzw. Jersey)**
  - 1 Streifen, 3,5–4 cm hoch, in der Länge des Halsausschnitts × 0,8–0,9 + Nahtzugabe
  - 2 Streifen, 3,5–4 cm hoch, in der Länge des unteren Ärmelumfangs × 0,8–0,9 + Nahtzugabe

- **Kontraststoff (optional)**
  - 1 Streifen, ca. 3–3,5 cm hoch, in der Länge des hinteren Halsausschnitts von Schulternaht zu Schulternaht + 1 cm

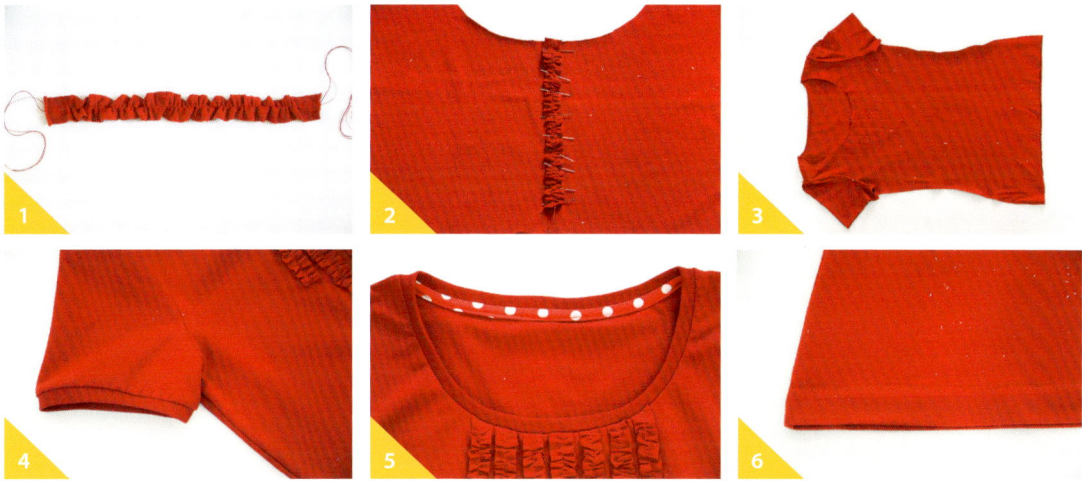

♥ LOS GEHT'S

---

1. Rüschen vorbereiten

Kräusele die Stoffstreifen für die Rüschen auf die gewünschte Länge ein. Du kannst dafür mit Kräuselfäden arbeiten oder Framilonband verwenden, siehe Seite 22. Hier sind es 7 Streifen in unterschiedlichen Längen.

2. Rüschen annähen

Stecke die Rüschenstreifen links auf rechts am Vorderteil fest. Hier liegt der mittlere, längste Streifen genau über der vorderen Mitte. Der Streifen wird mit schmal eingestelltem Zickzackstich mittig angenäht. Wenn du mit Fäden gekräuselt hast, kannst du die sichtbaren Kräuselfäden danach ganz vorsichtig wieder entfernen. Nähe auf diese Weise alle Rüschenstreifen an den gewünschten Stellen fest. Die Streifen kannst du so anordnen, dass sie zur Mitte hin länger werden.

3. Shirt zusammennähen

Jetzt werden die Schulternähte geschlossen, die Ärmel eingesetzt und Ärmel- und Seitennähte geschlossen, wie auf Seite 16 beschrieben.

4. Ärmelbündchen annähen

An die Ärmelsäume werden schmale Bündchen genäht; wie das geht, steht auf Seite 18 und 19.

5. Halsausschnittbündchen nähen

Der Halsausschnitt wird mit einem Bündchen versäubert. Wenn du magst, kannst du die Bündchenansatznaht noch mit einem Jerseystreifen abdecken, wie auf Seite 21 beschrieben.

6. Saum nähen

Zuletzt säume das T-Shirt noch, z. B. mit dem bewährten einfachen Umschlagsaum, der auf Seite 23 näher beschrieben ist.

TIPP

Breite, Länge, Anzahl und Anordnung der aufgenähten Rüschen lassen sich selbstverständlich leicht variieren. Du könntest sie außerdem auch aus einem kontrastfarbigen Stoff zuschneiden und so den Look deines Shirts völlig verändern.

SOMMERTOP

♥ MATERIAL

- Jersey in Hellblau: 80 cm, 140 cm breit
- Jersey in Kontrastfarbe zum Einfassen: 20–30 cm
- Leichte bi-elastische Einlage, z.B. Vlieseline G785: Länge der Knopfleiste, 20 cm breit
- 3 Druckknöpfe oder Knöpfe

♥ ZUSCHNITT

An allen Kanten, falls nicht anders angegeben, 1 cm Naht- bzw. 3 cm Saumzugabe zugeben. Die Streifenhöhe beinhaltet bereits die Nahtzugaben.

- **Aus Jersey in Hellblau**
  - je 1 × Schnittteil 1 (Vorderteil, SB 1) und 1 × Schnittteil 2 (Rückenteil, SB 1) im Stoffbruch; tiefer Halsausschnitt, innere Armausschnittlinie für ärmellose Shirts, am Halsausschnitt und Armausschnitt ohne Nahtzugabe, gerader Saum mit Saumzugabe

- **Aus Kontraststoff**
  - 1 Streifen, 4 cm hoch, in der Länge des Halsausschnitts × ca. 0,85 + 4 cm Nahtzugabe
  - 2 Streifen, je 4 cm hoch, in der Länge des Armausschnitts × ca. 0,85 + Nahtzugaben
  - 2 × Blende für die Knopfleiste, 3 cm länger als die gewünschte Knopfleiste und doppelt so breit wie diese plus seitliche Nahtzugaben, siehe auch Schritt 2

- **Aus Vlieseline**
  - 2 × Verstärkung für die Blenden der Knopfleiste, jeweils genauso lang und halb so breit wie die Belege
  - 1 × Verstärkung für das untere Ende des Knopfleisten-Ausschnitts, ca. 2 cm hoch und 2 cm breiter als die fertige Knopfleiste

♥ LOS GEHT'S
---

1. Knopfleiste

Das Nähen der Knopfleiste erfordert besondere Genauigkeit, aber mit etwas Übung kriegst du das sicher hin! Du kannst die Knopfleiste bereits vor dem Zusammennähen des T-Shirts in das Vorderteil einnähen oder wenn das Shirt schon zusammengenäht ist.
Markiere am Vorderteil auf der linken und der rechten Stoffseite genau an der vorderen Mitte einen Schlitz in der gewünschten Länge der Knopfleiste. Du kannst dir rund um den Schlitz auch den Abstand zur Nahtlinie (je 1 cm) markieren. Danach verstärke den Stoff am unteren Ende auf der linken Stoffseite mit einem Stück Einlage, damit der Stoff hier später nicht ausreißt.

2. Blendenstreifen zuschneiden

Schneide nun die Blenden für die Knopfleiste zu. Diese sind 3 cm länger als der markierte Schlitz. Die fertige Knopfleiste soll 2 cm breit sein – die Blende muss doppelt so breit sein plus zweimal Nahtzugaben (je 1 cm). Es ergeben sich also zwei Rechtecke mit je 6 cm Breite und in der von dir gewünschten Knopfleisten-Länge plus 3 cm. Verstärke diese Schnittteile auf der linken Stoffseite je zur Hälfte mit leichter Einlage – einmal rechts und einmal links der Mitte – und markiere dir die Mitte der Blenden sowie die Nahtzugaben und die Schlitzlänge.

3. Blende feststecken

Stecke die beiden Rechtecke rechts auf rechts auf das Vorderteil. Die verstärkte Hälfte liegt neben dem Schlitz. Die beiden Rechtecke stoßen aneinander an, die Schlitzmarkierung liegt dazwischen. Nähe die Rechtecke im Abstand der Nahtzugabe fest, und zwar genau (!) bis zum Ende des markierten Schlitzes. Es ist wichtig, dass die Nähte auf beiden Seiten genau gleich lang sind.

4. Schlitz einschneiden

Schneide am Vorderteil den Schlitz auf und am unteren Ende die Nahtzugaben ganz vorsichtig schräg bis etwa 2 mm vor die Nahtenden ein. Achtung: Die angenähten Blenden dürfen nicht eingeschnitten werden!

5. Bügeln

Bügle die Nahtzugaben an den offenen Seitenkanten der Blenden jeweils nach innen und die Nahtzugabe des T-Shirt-Vorderteils in Richtung Blendenmitte.

6. Blendenkanten fixieren

Bügle die Blenden je links auf links zur Hälfte, die umgebügelten Nahtzugaben liegen aufeinander, die Nahtzugabe des Vorderteils dazwischen. Nähe die Blendenkanten mit der Maschine oder von Hand aufeinander.

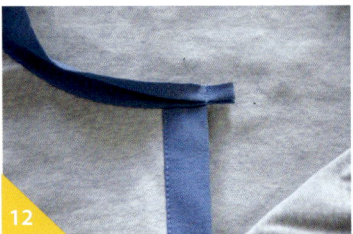

7. Blenden aufeinanderstecken

Lege die rechte Blende über die linke und stecke sie genau übereinander. Die unteren Blendenenden schiebst du nach innen, d. h. auf die linke Seite des T-Shirt-Stoffs.

8. Untere Blendenkante nähen

Auf der linken Seite des T-Shirt-Vorderteils werden nun das kleine Dreieck, das durch die Einschnitte im Stoff entstanden ist, und die unteren Blendenenden zusammengenäht. Die Naht reicht genau von Ecke zu Ecke. Es ist hilfreich, zu heften und den Shirt-Stoff, der nicht mitgenäht wird, so umzuklappen, wie auf dem Bild zu sehen.

9. Blendenenden verarbeiten

Die überstehenden Enden der Blenden im Inneren kannst du kürzen, bei Bedarf versäubern und von der rechten Seite festnähen, z. B. mit einem Kreuz.

10. Schulter- und Seitennähte schließen

Jetzt werden Vorder- und Rückenteil an den Schultern und den Seiten zusammengenäht, siehe auch Seite 16.

11. Halsausschnitt einfassen

Der Halsausschnitt wird mit einem Jerseystreifen versäubert. Lies dazu auf Seite 17 nach. Nähe den Einfassstreifen rechts auf rechts in 1 cm Abstand (= ¼ der Breite des Versäuberungsstreifens) an den Halsausschnitt. Dabei stehen die Enden an den Knopfleisten in der Breite der Nahtzugaben über. Achte darauf, den Einfassstreifen kurz vor der Knopfleiste nicht mehr zu dehnen.

12. Seiten des Einfassstreifens abnähen

Bügle den angenähten Jerseystreifen an den Enden über der Blendenkante zuerst nach oben. Anschließend bügelst du die offene Längskante 1 cm breit nach links um und legst dann den Streifen an den Enden jeweils rechts auf rechts, sodass die Kanten der umgebügelten Nahtzugaben genau aufeinanderliegen. Nähe den Streifen jeweils an den Enden durch alle Stofflagen mit Geradstich in einer senkrechten Naht zusammen. Dabei nähst du ganz knapp neben der Knopfleiste, aber fasst die Knopfleiste nicht mit, sonst kannst du den Einfassstreifen nachher nicht nach außen wenden.

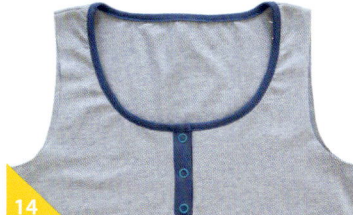

13. Einfassstreifen wenden

Als Nächstes kannst du die Nahtzugaben neben der Knopfleiste kürzen und die Enden des Versäuberungsstreifens auf rechts wenden. Forme die Ecken schön aus. Schlage dann den Streifen zwischen den Ecken rundherum nach innen ein, wie auf Seite 17 beschrieben.

14. Halsausschnitt fertigstellen

Nähe den Streifen rundherum am Halsausschnitt fest. Es sind jetzt keine offenen Kanten mehr zu sehen. An der fertigen Knopfleiste kannst du nun die Position der Knöpfe oder – wahlweise – Druckknöpfe bestimmen und diese anbringen.

15. Armausschnitt einfassen

Nähe die Einfassstreifen für die Armausschnitte jeweils an den kurzen Enden rechts auf rechts zusammen, sodass je ein Ring entsteht. Bügle die Nahtzugaben auseinander und versäubere mit den Streifen die Armausschnitte, wie auf Seite 17 beschrieben.

16. Saum nähen

Im letzten Schritt wird das Top gesäumt. In diesem Beispiel habe ich einen einfachen Umschlagsaum, siehe Seite 23, gewählt und mit einer Zwillingsnadel von rechts festgenäht. Alternativ kannst du den Saum auch mit einem elastischen Zierstich absteppen.

LANGÄRMLIGES SHIRT

Größe
S–XL

💛 MATERIAL

- Jersey in Uni: 140–160 cm, 140 cm breit
- Framilonband zum Kräuseln: ca. 30 cm (optional)

💛 ZUSCHNITT

An allen Kanten, falls nicht anders angegeben, 1 cm Naht- bzw. 3 cm Saumzugabe zugeben. Die Streifenhöhe beinhaltet bereits die Nahtzugaben.

- Aus Jersey
  - 1× Schnittteil 1 (Vorderteil; SB 1) im Stoffbruch; tiefer Halsausschnitt ohne Nahtzugabe, Mehrweite fürs Kräuseln in der vorderen Mitte, gerader Saum ohne Saumzugabe
  - 1× Schnittteil 2 (Rückenteil, SB 1) im Stoffbruch; Halsausschnitt ohne Nahtzugabe, gerader Saum ohne Saumzugabe
  - 2× Schnittteil 3 (Ärmel, SB 2), gegengleich; in ¾-Länge, unten mit Nahtzugabe
  - 1 Streifen, 4 cm hoch, in der Länge des Halsausschnitts × 0,8–0,9 + Nahtzugabe
  - 1 Streifen, ca. 10–12 cm hoch, in der Länge des unteren Saums × 0,8–0,9 + Nahtzugabe
  - 2 Rechtecke, doppelt so hoch wie der Abstand zwischen den Saumlinien für ¾-Ärmel und lange Ärmel auf dem Schnittmuster + Nahtzugabe, in der Länge des Ärmelumfangs am unteren Rand × 0,8–0,9 + Nahtzugabe; am besten abgeschrägt, siehe Seite 19

♥ LOS GEHT'S

---

1. Mehrweite einkräuseln

Kräusele die Mehrweite am Halsausschnitt auf die Weite des normalen tiefen Halsausschnitts ein. Wie das Kräuseln funktioniert, kannst du auf Seite 22 noch einmal nachlesen.

2. T-Shirt zusammensetzen

Nähe Vorder- und Rückenteil nun an den Schultern zusammen, setze die Ärmel ein und schließe Ärmel- und Seitennähte. Eine Anleitung zum Zusammensetzen von T-Shirts findest du auf Seite 16.

3. Hüftbündchen annähen

An den Saum wird jetzt ein Hüftbündchen genäht. Wie man ein Hüftbündchen annäht, kannst du auf Seite 18 und 19 nachlesen.

4. Ärmelbündchen annähen

Die langen Ärmelbündchen, siehe dazu ebenfalls Seite 18 und 19, werden dann noch an die beiden Ärmelsaumkanten angenäht.

5. Halsausschnitt versäubern

Zum Schluss wird der Halsausschnitt versäubert, hier mit einem Einfassstreifen aus Jersey, siehe Seite 17.

TIPP

Anstatt den Ausschnitt einzukräuseln, kannst du auch versuchen, die Mehrweite in kleine, regelmäßige Falten zu legen oder eine einzelne, größere Kellerfalte zu nähen. Anstelle des Hüftbündchens könntest du in den Saum des T-Shirts auch ein Gummiband einziehen und ihn auf diese Weise raffen.

SHIRT MIT GERAFFTEN ÄRMELN

♥ **MATERIAL**

- Jersey mit Muster: 130–150 cm, 140 cm breit

- Gummiband, 1,5 cm breit: 50–60 cm

- leichte bi-elastische Einlage, z. B. Vlieseline G785: ca. 20 cm

♥ **BELEG-SCHNITTTEILE ERSTELLEN**

Pause den Halsausschnitt und die Schulterlinie des Schnittmusters von Vorder- und Rückenteil ab. Ziehe jeweils im Abstand von etwa 3 cm eine zum Ausschnitt gleichmäßig parallel verlaufende Linie. Füge an den Schultern und an der Oberkante Nahtzugaben hinzu. Du kannst an der vorderen Mitte einen kleinen Schlitz ausschneiden; die Form des Belegs an der vorderen Mitte orientiert sich an der Form des Schlitzes, siehe Bild 1.

♥ **ZUSCHNITT**

An allen Kanten, falls nicht anders angegeben, 1 cm Naht- bzw. 3 cm Saumzugabe zugeben.

- Aus Jersey
  - je 1× Schnittteil 1 (Vorderteil, SB 1) und 1× Schnittteil 2 (Rückenteil, SB 1) im Stoffbruch; Rundhalsausschnitt mit Nahtzugabe, gebogener Saum mit Saumzugabe von 1,5–2 cm
  - 2× Schnittteil 5 (ausgestellter Ärmel, SB 2), gegengleich; ¾-Länge, unten mit Saumzugabe von 2,5 cm
  - je 1× Beleg für den Halsausschnitt von Vorder- und Rückenteil im Stoffbruch (Nahtzugaben hast du schon bei der Schnitterstellung dazugegeben)

- Aus Vlieseline
  - je 1× Beleg für den Halsausschnitt von Vorder- und Rückenteil im Stoffbruch (Nahtzugaben hast du schon bei der Schnitterstellung dazugegeben)

♥ LOS GEHT'S

---

2. Belege zusammennähen

Verstärke die Belege auf der linken Stoffseite mit Einlage. Nähe die Belegteile an den Schultern zusammen. Bügle die Nahtzugaben nach vorn. Die Belegunterkante kannst du versäubern.

3. T-Shirt zusammennähen

Nähe die Teile des T-Shirts zusammen, siehe Seite 16. Wende das T-Shirt auf rechts.

4. Belege annähen

Danach steckst und nähst du den Beleg rechts auf rechts an den Halsausschnitt des T-Shirts. Achte dabei darauf, dass die Schulternähte des Belegs genau auf den Schulternähten des T-Shirts liegen. Schneide an der vorderen Mitte vorsichtig auch in das Vorderteil des T-Shirts einen Schlitz. Folge dabei der Form des Belegs. Anschließend kannst du die Nahtzugaben einkürzen und an den Rundungen bis knapp vor die Naht einschneiden. Stülpe den Beleg nach innen, forme z. B. mit einer Stricknadel die Ecken aus und bügle die Ausschnittkante ordentlich. Stecke den Beleg fest und nähe ihn rundherum an der Unterkante am T-Shirt fest.

5. Ärmelsäume raffen

Bügle die Ärmelsäume erst 1 cm zur linken Stoffseite hin, dann noch einmal 1,5 cm. Nähe den Saum rundherum fest, lass dabei aber eine 2 cm breite Öffnung. In diese ziehe das Gummiband ein, nähe es in der gewünschten Weite überlappend (und nicht verdreht!) zum Ring und schließe die Öffnung im Ärmelsaum.

6. Saum nähen

Säume das Shirt mit einem einfachen Umschlagsaum, siehe Seite 23. Wegen des geschwungenen Saums bietet es sich hier an, die Unterkante des T-Shirts zuerst mit der Overlock zu versäubern und dabei den Differenzialtransport zu erhöhen. So zieht sich der Stoff leicht zusammen und lässt sich leichter in die Rundung legen. Wenn du keine Overlock-Maschine hast, kannst du stattdessen mit Kräuselfäden arbeiten. Alternativ lässt sich der geschwungene Saum gut mit einem Beleg verarbeiten wie am Halsausschnitt.

TOP MIT V-AUSSCHNITT ✂

💛 MATERIAL

- Jersey mit Muster: 80 cm, 140 cm breit
- Bündchenstoff in Kontrastfarbe: ca. 30 cm
- Jersey in Kontrastfarbe für die Brusttasche: ca. 15 × 10 cm
- Einlage, z. B. Vlieseline G785: 2 × 2 cm

💛 ZUSCHNITT

An allen Kanten, falls nicht anders angegeben, 1 cm Naht- bzw. 3 cm Saumzugabe zugeben. Die Streifenhöhe beinhaltet bereits die Nahtzugaben.

- **Aus Jersey mit Muster**
  - 1 × Schnittteil 1 (Vorderteil, SB 1) im Stoffbruch; innere Armausschnittlinie für ärmellose Shirts, V-Ausschnitt, Hals- und Armausschnitte ohne Nahtzugabe, gerader Saum mit Nahtzugabe, Position für die Brusttasche markieren
  - 1 × Schnittteil 2 (Rückenteil, SB 1) im Stoffbruch; innere Armausschnittlinie für ärmellose Shirts, Hals- und Armausschnitt ohne Nahtzugabe, gerader Saum mit Nahtzugabe

- **Aus Bündchenstoff**
  - 1 Streifen, 4 cm hoch, in der Länge des Halsausschnitts × 0,8–0,85 + Nahtzugabe
  - 2 Streifen, 4 cm hoch, in der Länge der Armausschnitte × 0,8–0,85 + Nahtzugabe
  - 1 Streifen, 12 cm hoch, in der Länge des Saumumfangs × 0,8–0,85 + Nahtzugabe

- **Aus Kontraststoff**
  - 1 × Schnittteil 6 (Brusttasche, SB 1); Oberkante mit 2 cm Nahtzugabe

- **Aus Vlieseline**
  - Verstärkung für die Spitze des V-Ausschnitts: ca. 2 × 2 cm

♥ LOS GEHT'S

---

1. Tasche vorbereiten

Wenn du eine Overlock-Maschine hast, versäubere damit alle Kanten der Tasche, stelle dazu den Differenzialtransport etwas höher, sodass die Kante etwas eingehalten wird. Bügle die versäuberten Kanten nach innen, zur linken Stoffseite hin: Seiten- und Unterkante 1 cm, zum Schluss die Oberkante 2 cm breit. Durch die Overlocknaht legen sich die Kanten leichter in Form. Nähe die Oberkante fest.

2. Tasche aufnähen

Nun steckst du die Tasche an der Markierung links auf rechts auf deinem T-Shirt fest. Nähe die Tasche mit dem Geradstich der Haushaltsnähmaschine entlang der Seiten und der Unterkante fest; an Nahtanfang und -ende nähst du zur Stabilisierung ein kleines Dreieck.

3. Shirt zusammennähen

Dann nähe Vorder- und Rückenteil an den Schultern und den Seiten zusammen, wie auf Seite 16 beschrieben.

4. Halsbündchen vorbereiten

Bügle das Halsbündchen links auf links zur Hälfte, sodass die Längskanten aufeinanderliegen. Die offenen Enden werden in diesem Fall nicht abgeschrägt. Lege sie so übereinander, dass sie ein V bilden und die Endkante des einen Teils an die Seitenkante des anderen Teils stößt. Nähe die Enden an der Spitze mit Geradstich knappkantig zusammen.

5. Spitze des V-Ausschnitts fixieren

Jetzt wird das Bündchen an den V-Ausschnitt genäht. Dabei gehst du so vor, wie in der Anleitung auf Seite 20 ab Schritt 4 beschrieben. Zuerst wird das Bündchen also im Bereich der (mit Einlage verstärkten) Spitze des V-Ausschnitts mit Geradstich fixiert.

6. Halsbündchen annähen

Danach nähst du das Bündchen rundherum gleichmäßig gedehnt mit der Overlock-Maschine an. Die Nahtzugaben bügle zum T-Shirt hin.

7. Bündchen an die Armausschnitte nähen

Die Armausschnitte werden ebenfalls mit Bündchenstreifen versäubert, wie auf Seite 18 und 19 beschrieben.
Die Nähte, mit denen die Bündchen zum Ring geschlossen wurden, treffen jeweils auf die Seitennähte des Tops.

8. Bündchen absteppen

Du kannst die Nahtzugaben der Bündchen an Halsausschnitt und Armausschnitten knappkantig absteppen.
Dafür verwende einen schmal eingestellten Zickzackstich oder den Geradstich deiner Nähmaschine.

9. Hüftbündchen annähen

Zuletzt wird das Hüftbündchen angenäht. Falls du
möchtest, kannst du auch das Hüftbündchen an der
Oberkante absteppen. Wie das Bündchen angenäht
wird, kannst du auf Seite 18 und 19 nachlesen.

TIPP

Wenn du ein Top für den Sport nähen willst, kannst
du dich auch einmal nach speziellen temperatur- und
feuchtigkeitsausgleichenden Funktionsstoffen umsehen.
Aber auch Baumwolljersey ist atmungsaktiv!

BANDEAU-BRA

💛 MATERIAL

Die Materialangaben beziehen sich auf Größe 40.

Es eignen sich festere Viskose, Woll- oder Seiden-jersey, Mesh oder elastische Spitze. Bitte achte darauf, dass der Stoff einen Elasthananteil hat.

- Baumwolljersey mit Eis-Print: 20 cm, 150 cm breit
- Baumwolljersey in Neongelb: 20 cm, 150 cm breit
- elastische Zierlitze mit Mäusezähnchenkante in Weiß: ca. 85 cm
- Gummiband in Weiß: 70 cm, 0,5 cm breit
- Gummiband (Trägerband) in Weiß: 110 cm, 1 cm breit
- 2 Häkchen in Weiß, für 1 cm breites Band
- 2 Schieber in Weiß, für 1 cm breites Band

💛 ZUSCHNITT

Alle Schnittteile benötigen rundherum eine Naht-zugabe von 0,8 cm für die Overlock- oder 1 cm für die Haushaltsmaschine. Trägerlänge und Träger-schlaufenlänge sind bereits inkl. Nahtzugaben.

- **Aus Jersey mit Eis-Print**
  - 2× Schnittteil 26 (Vorderteil, SB 2)
  - 2× Schnittteil 27 (Seitenteil, SB 2)
  - 1× Schnittteil 28 (Rückenteil, SB 2) im Stoffbruch

- **Aus Jersey in Neongelb**
  - 2× Schnittteil 29 (Vorderteil Futter, SB 2)
  - 2× Schnittteil 30 (Seitenteil Futter, SB 2)
  - 1× Schnittteil 31 (Rückenteil Futter, SB 2) im Stoffbruch
  - 1× Schnittteil 32 (Mittelschlaufe, SB 2)

- **Aus Gummiband**
  - 2 Stücke à 45–50 cm für die Träger
  - 2 Stücke à 4 cm für die Schlaufen

💛 GRUNDSÄTZLICHES

Verwende bitte folgende Stichlängen und -arten:

- Nähen: Overlock (4-Faden-Overlockstich, Stich-länge 2,8) oder Nähmaschine (Geradstich, Stich-länge 2,8)
- Raffung: Nähmaschine (Geradstich, Stichlänge 5)
- Flachsteppen: Nähmaschine (Zickzackstich, Stichlänge 2,8 & Stichbreite 4)

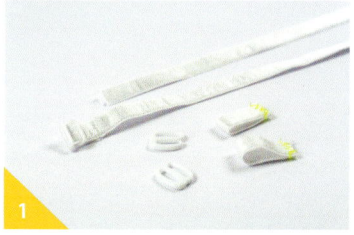

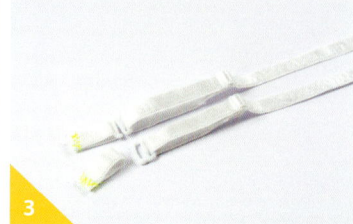

♥ LOS GEHT'S

---

1. Träger vorbereiten

Zuerst nähst du aus den 4 cm langen Gummiband-
stücken kurze Schlaufen. Lege das Band dafür einfach
doppelt (links auf links) und fixiere die Enden aufeinander. Je ein Ende der langen Gummibandstücke wird
über den Mittelsteg eines Schiebers gefädelt und am
Ende knappkantig fixiert.

2. Häkchen auffädeln

Hänge jeweils ein Häkchen von der offenen Seite in das
Band ein. Schiebe danach auch das offene Bandende
zurück über den Mittelsteg des Schiebers. Auch hier liegt
das Trägerband links auf links, damit die Nahtzugabe am
Schieber innenliegend ist. Die eingehängten Haken sollten bei den finalen Trägern gegenläufig liegen.

3. Fertige Träger

So sehen die fertigen Träger aus. Bevor du deine Träger
später annähst, überprüfe noch mal die Länge, ob alle
Teile richtig eingefädelt und alle Teile vorhanden sind.
Je nach Tragevariante überprüfe noch mal, ob deine
Häkchen in die richtige Richtung, also in entgegenge-
setzte Richtungen, zeigen.

4. Bandeau zusammennähen

Nähe die Vorderteile rechts auf rechts an die Seitenteile
und die Seitenteile ans Rückenteil. Bügle alle Nähte in
Richtung Rückenteil, bevor du sie von außen mit einer
Zickzacknaht flachsteppst. Die vordere Mitte bleibt offen
und ist zum Schluss auch deine Wendeöffnung.

5. Futter zusammennähen

Nähe das Futter wie den Außenstoff zusammen, bügle
die Nähte allerdings in Richtung Vorderteil.

6. Träger ans Vorderteil annähen

Nun fixierst du deine Träger rechts auf rechts an der
oberen Kante des Vorderteils, genau auf der Teilungsnaht
zwischen Vorder- und Seitenteil. Die Schnittkanten liegen
aufeinander und die Träger mit Haken zeigen in Richtung untere Kante.

7. Trägerschlaufen am Rückenteil annähen

Nähe für den verstellbaren Träger am Rückenteil die
Schlaufen an. Nähe dafür die Schlaufen wie im Schnitt
markiert mit einem Geradstich an die Stoffkante, die
Schlaufen zeigen dabei nach unten zum Stoff.

8. Zierlitze aufnähen

Jetzt nähst du die Zierlitze unter leichtem Zug rechts auf rechts auf die obere Kante des Außenstoffs. Die Zähnchen zeigen dabei zum Stoff, die glatte Kante liegt an der Stoffkante. Nähe vorsichtig über die Träger, damit deine Nadel nicht bricht.

9. Außenteil und Futter zusammennähen

Nun legst du dein Außenteil rechts auf rechts auf das Futter und steckst dir alle Teilungsnähte passgenau aufeinander. Die Mehrweite verteilst du dazwischen. Die beiden Teile werden nun ebenfalls zusammengenäht, genau in der vorherigen Naht. Dehne den Stoff so weit, dass Futter und Oberstoff (mit Litze) wieder glatt aufeinanderliegen. Wenn du dein Teil wendest, siehst du eine sauber eingearbeitete Litzenkante.

10. Litze flachsteppen

Damit die Litze am fertigen Teil nicht immer nach innen rutscht, wird die Nahtzugabe wahlweise sichtbar auf dem Außenstoff oder unsichtbar auf dem Futter flachgesteppt.

11. Unterkante zusammennähen

Um die untere Kante zu schließen, legst du deine beiden Stoffe wieder rechts auf rechts und steckst dir Quernadeln. Nicht wundern, das Futter ist etwas kürzer, damit die Nähte später schön innen bleiben. Auch hier brauchen wir wieder etwas Spannung, deshalb wird ein schmales Gummiband mit in die Naht eingefasst. Der Außenstoff sollte oben liegen und das Gummi darüber unter leichtem Zug mitlaufen.

TIPP

Viele Nähfüßchen haben eine Aussparung für solch schmale Gummis. Einfach das Gummi dort von oben einfädeln und mit dem Stoff unter dem Füßchen verschwinden lassen. So musst du nicht auch noch darauf achten, die Position zu halten, sondern kannst dich auf die gleichmäßige Dehnung konzentrieren. Achte darauf, dass die Träger nicht in die Naht rutschen.

12. Bandeau wenden

Wende das Bandeau durch die vordere Mitte auf rechts. Jetzt fehlt noch die Raffung in der vorderen Mitte. Dafür nähst du 0,5 cm neben der offenen Kante mit einem langen Geradstich. Der Anfang wird verriegelt und das Ende offen gelassen. Nun ziehst du vorsichtig am Unterfaden und ziehst die vordere Mitte so eng es geht zusammen, ohne dass dein Faden reißt. Dann verknotest du die Fadenenden, damit die Raffung nicht wieder aufgeht. Auf der anderen Seite gehst du auf die gleiche Weise vor.

13. Mittelschlaufe nähen

Nähe die langen Seiten der Mittelschlaufe zusammen und wende den Schlauch. Die Nahtzugabe positionierst du nicht an der Kante, sondern mittig. Lege die Seiten ohne Naht rechts auf rechts aufeinander. Nähe die kurzen Schnittkanten zusammen und wende den Ring.

14. Vordere Mitte schließen

Schiebe die Mittelschlaufe über die vordere Mitte in Richtung Rückenteil. Falls du einen gemusterten Stoff für die Mittelschlaufe gewählt hast, achte darauf, dass das Motiv in die richtige Richtung zeigt. Nähe dann die vordere Mitte rechts auf rechts zusammen. Steppe die Nahtzugaben flach.

15. Mittelschlaufe fixieren

Danach positionierst du die Mittelschlaufe über der Naht, wobei deren Nahtzugabe innen liegen sollte. Damit sie nicht verrutschen kann, fixierst du die Mittelschlaufe innen noch mit ein paar unsichtbaren Handstichen am Futter. Hänge die Träger noch in die Schlaufen ein und stelle bei einer Anprobe die richtige Trägerlänge ein.

TIPP

Für untendrunter zu schade? Dann nähe dir diesen Style doch als Bikini-Oberteil. Einfach den Jersey gegen Badestoff und Badefutter tauschen und genau wie beschrieben mit Badegummis vernähen. Du kannst deinen Bandeau-Bra natürlich auch ohne Träger nähen. Durch die Gummis in der oberen und unteren Kante hält das Teil auch so am Oberkörper.

Da die Modelle ja bereits deiner Größe entsprechen, soll das Gummi nur den guten Sitz unterstützen und nicht einengen. Hier wird kein finales Maß vorgegeben, sondern empfohlen, die Litze Stück für Stück unter leichtem Zug anzunähen, damit eine sanfte Kräuselung entsteht. Sei dabei nicht zu vorsichtig, dein Jersey sollte sich aber auch nicht stark zusammenraffen – es sei denn, du magst deine Oberteile lieber etwas enger.

KLASSISCHER SLIP

💛 MATERIAL

Es eignen sich festere Viskose, Woll- oder Seiden-jersey, Mesh oder elastische Spitze. Der Innenzwi-ckel sollte aus Baumwoll- oder Viskosejersey gear-beitet werden. Bitte achte darauf, dass der Stoff einen Elasthananteil hat.

- Single-Jersey mit Eis-Print: 30 cm, 115 cm breit

- Single-Jersey in Neongelb: 15 × 20 cm

- elastische Zierlitze mit Mäusezähnchenkante in Weiß: ca. 180 cm

- 1 Unterwäsche-Schleifchen in Neongelb

💛 ZUSCHNITT

Alle Schnittteile benötigen rundherum eine Naht-zugabe von 0,8 cm für die Overlock- oder 1 cm für die Haushaltsmaschine.

- Aus Jersey mit Eisprint
  - 1 × Schnittteil 33 (Slip Vorderteil, SB 2) im Stoffbruch
  - 1 × Schnittteil 34 (Slip Rückenteil, SB 2) im Stoffbruch
  - 1 × Schnittteil 35 (Slip Außenzwickel, SB 2)

- Aus Jersey in Neongelb
  - 1 × Schnittteil 36 (Slip Innenzwickel, SB 2)

💛 GRUNDSÄTZLICHES

Verwende bitte folgende Stichlängen und -arten:

- Nähen: Overlock (4-Faden-Overlockstich, Stich-länge 2,8) oder Nähmaschine (Geradstich, Stich-länge 2,8)

- Raffung: Nähmaschine (Geradstich, Stichlänge 5)

- Flachsteppen: Nähmaschine (Zickzackstich, Stichlänge 2,8 & Stichbreite 4)

ZWICKEL MIT VERSTECKTEN NAHTZUGABEN

Der klassische Zwickel – auch Schrittfutter genannt – wird im inneren Schrittbereich von Höschen eingenäht. Als doppelte Lage bietet er optischen und hygienischen Schutz, den du zusätzlich mit natürlichen und ungefärb-ten Stoffen unterstützen kannst. Bei transparenten Stof-fen greifst du dann natürlich zu einer passenden Farbe. Normalerweise wird der Innenzwickel unsichtbar einge-arbeitet und ist immer 3–4 mm schmaler als der Außen-zwickel. So kann man auch später die Außenkanten nach innen schlagen, ohne dass es eine Welle gibt. Meistens ist der Außenzwickel bereits an das Vorderteil angeschnitten. Es gibt aber auch – wie hier – Modelle, bei denen der Zwi-ckel die Verbindung zwischen Vorder- und Rückenteil ist.

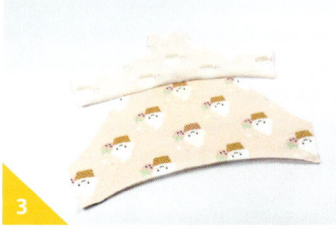

♥ LOS GEHT'S

---

1. Zwickelteile aufeinanderstecken

Als Erstes legst du den Außenzwickel mit der rechten
Seite nach oben flach auf den Tisch. Darauf kommt das
Rückenteil mit der rechten Seite nach unten. Nun folgt
noch der Innenzwickel ebenfalls mit der rechten Seite
nach unten. Alle drei Teile fixierst du in der Mitte mit einer Stecknadel. Erst dann legst du die drei Teile an den
Außenseiten exakt aufeinander und steckst sie fest.

2. Zwickelteile zusammennähen

Da der Innenzwickel etwas schmaler ist und die Kanten
gerundet sind, ergibt sich ein etwas welliges Bild zwischen den Nadeln, das du aber nun beim Zusammennähen unter leichtem Zug wieder glätten kannst. Vorsicht: Beim Nähen unbedingt darauf achten, dass deine
drei Kanten bündig aufeinanderliegen und nicht weg-
rutschen. Klappe beide Zwickel nach oben und sieh, ob
deine Naht schön gleichmäßig aussieht.

3. Vorderteil feststecken

Den Innenzwickel klappst du wieder nach unten und
legst das Vorderteil rechts auf rechts auf den Außenzwickel. Ein paar Nadeln helfen, dass nichts verrutscht.

4. Innenzwickel feststecken

Nun wird das angenähte Rückenteil bis zur Naht einge-
rollt. Auch das restliche Vorderteil wird ein Stück einge-
rollt, damit du den Innenzwickel, den du vorher nach
unten geklappt hast, um die eingerollten Teile herumlegen kannst.

5. Vordere Zwickelkante feststecken

Die gerade Kante des Innenzwickels kannst du jetzt als
obere Lage bündig mit Außenzwickel und Vorderteil
zusammenstecken. Die Teile liegen nun wie bei deiner
ersten Naht und sehen ein bisschen aus wie ein kleines
Sandwich mit zwei Würstchen. Das klingt jetzt erst mal
seltsam, das sieht auch seltsam aus, aber ist richtig so.

6. Zwickelkante nähen

Die drei Lagen wieder unter leichtem Zug und mit bün-
digen Kanten zusammennähen. Achte besonders darauf,
dass auch hier die Kanten wieder bündig zusammengenäht werden. Danach rollst du das Ganze auseinander,
wodurch deine Nahtzugaben nun innerhalb der drei Lagen »verschwunden« sein sollten. Die offenen Längs-
seiten kannst du einfach doppelt weiterverarbeiten.

7. Seitennähte schließen

Nähe die Seitennähte rechts auf rechts zusammen. Die Nahtzugaben bügelst du ins Rückenteil, und falls noch irgendwo an den Zwickelnähten unschöne Naht-Übergänge sind, kannst du die Kanten mit einer Schere vorsichtig korrigieren.

8. Zierlitze an der Oberkante annähen

Nähe nun die Zierlitze rechts auf rechts an die Kanten, beginne mit der oberen Kante, und zwar im Rückenteil knapp neben der Seitennaht. Schräge den Anfang der Litze leicht ab, wie du es auf dem Foto siehst. Die Zähnchenkante der Litze zeigt nach unten zum Stoff, die gerade Kante liegt bündig an der Stoffkante. Wenn du wieder am Anfang angekommen bist, lässt du die Gummilitze ein wenig überlappen, bevor du sie nach rechts zur Kante hin auslaufen lässt.

9. Zierlitze an die Beinausschnitte nähen

Gleiches machst du nun auch mit den Beinausschnitten. Beginne hier ebenfalls im Rückenteil knapp über dem Zwickel mit einer angeschrägten Gummilitze und lass auch hier das Ende ein wenig überlappen.

Vorsicht: Wenn du an den Zwickel kommst, achte darauf, dass alle Lagen bündig aufeinanderliegen und dir der etwas schmalere Innenzwickel nicht wegrutscht.

10. Kanten absteppen

Klappe jetzt die Nahtzugaben nach innen und steppe alle Kanten noch mal mit einem Zickzackstich von außen flach. Achte darauf, dass du die Kante dabei ebenfalls gleichmäßig dehnst. Deine Mäusezähnchenkante sollte nun rundherum schön sichtbar sein.

11. Schleife annähen

Als krönenden Abschluss nähst du noch das kleine Unterwäsche-Schleifchen mit ein paar Handstichen in der vorderen Mitte fest, und fertig ist dein klassischer Slip – süß, oder?

TIPP

Auch sichtbar aufgesteppt machen Gummis eine hübsche Figur. Wenn du also gern mehr zeigen möchtest als eine hervorblitzende Zierlitze, nähe dein Gummiband ruhig links auf links auf und klappe es danach nach außen statt nach innen.

KNOPFSCHAL

♥ MATERIAL

- Stoff für die Vorderseite: Jersey mit Muster, 35 cm, 140 cm breit

- Stoff für die Rückseite: Baumwollfleece in Schwarz, 35 cm, 140 cm breit

- Kordel: 15 cm, Ø 3 mm

- 1 großer Knopf

♥ ZUSCHNITT

1 cm breite Nahtzugaben sind in den Maßen bereits enthalten.
Fertige entweder einen Papierschnitt mit den Maßen 138 × 32 cm an oder zeichne die Rechtecke direkt auf die Stoffe.

- **Aus Jersey mit Muster**
  - 32 × 138 cm

- **Aus Baumwollfleece**
  - 32 × 138 cm

Einheits-größe
30 × 136 cm

138 cm

32 cm

♥ LOS GEHT'S

1. Schlaufe feststecken

Lege den Fleecestoff mit der rechten Stoffseite nach oben hin. Lege die Kordel zu einer Schlaufe und stecke sie 75 cm vom rechten Rand entfernt an der Oberkante des Stoffs fest. Die Schlaufe zeigt dabei nach innen, die offenen Enden der Kordel nach außen.

2. Schlaufengröße kontrollieren

Hier noch mal im Detail: Die Schlaufe sollte so weit sein, dass der Knopf gut durchpasst. Bedenke dabei die Nahtzugabe von 1 cm, die Schlaufe wird dadurch noch 1 cm kleiner.

3. Schal zusammennähen

Lege nun den Jerseystoff rechts auf rechts auf den Fleecestoff und stecke beide Stofflagen zusammen. Runde die 4 Ecken mit einem Glas o. Ä. ab und nähe die beiden Stoffe ringsherum mit der Overlock- oder deiner Haushaltsmaschine zusammen. Dabei wird die Schlaufe mit eingefasst. Lass an einer der langen Kanten eine Wendeöffnung von etwa 15–20 cm offen.

4. Schal wenden

Wende den Schal auf rechts, schlage die Nahtzugaben an der Wendeöffnung nach innen und steppe den ganzen Schal nochmals knappkantig mit der Haushaltsnähmaschine (Geradstich) von der rechten Stoffseite ab. Dabei wird die Wendeöffnung geschlossen. Nähe nun noch den Knopf auf die Jerseyseite. Dieser muss in die linke Ecke der langen Kante, an der sich auch die Schlaufe befindet, sodass ca. 75 cm Abstand zwischen Knopf und Schlaufe ist.

TIPP

Solltest du eine Wickelanleitung für den Schal benötigen, findest du diese unter www.leni-pepunkt.de.

TURBAN-STIRNBAND

💛 MATERIAL

• Jersey in Blau-Weiß gemustert: 30 cm, 115 cm breit

💛 ZUSCHNITT

1 cm breite Nahtzugaben sind in den Maßen bereits enthalten.
Fertige entweder einen Papierschnitt mit den Maßen 138 × 32 cm an oder zeichne das Rechteck direkt auf den Stoff.

• Aus Jersey
  • 1 Rechteck: 25 × 110 cm

110 cm

25 cm

Umfang 53 cm, un-gedehnt

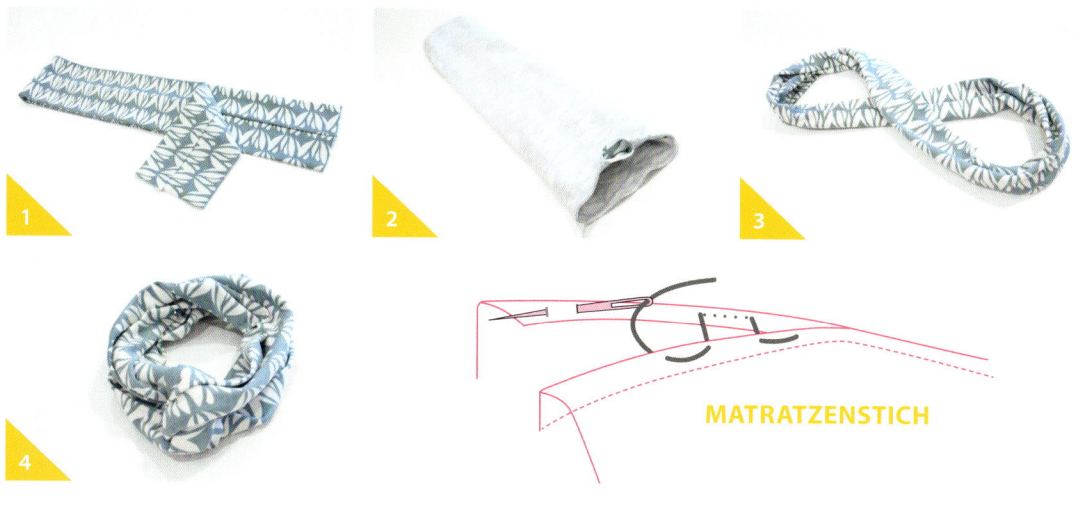

MATRATZENSTICH

♥ **LOS GEHT'S**

---

1. Längskanten zusammennähen

Den Stoff der Länge nach rechts auf rechts legen, die aufeinanderliegenden Längskanten zusammenstecken und mit einem elastischen Stich zusammennähen. Den entstandenen Schlauch auf rechts wenden und die Naht nach oben legen, sodass sie mittig auf dem entstandenen Schlauch liegt. Die Arbeit so zur Hälfte falten, dass die Naht und die Schmalseiten aufeinanderliegen.

2. Ring nähen

Die obere Stofflage über die Arbeit stülpen, sodass der Stoff ringsherum an der kurzen, offenen Seiten rechts auf rechts liegt und eine Art Röhre entsteht. Diese offenen Kanten nun ringsherum zusammennähen, dabei eine Wendeöffnung von 5 cm lassen.

3. Stirnband wenden

Das Stirnband auf rechts wenden und die Wendeöffnung mit dem Matratzenstich, siehe oben, von Hand schließen. Verwende den Faden doppelt und sichere den Knoten innen in der Bruchkante der Wendeöffnung.

Stich dort mit der Nadel aus und an der gegenüberliegenden Bruchkante wieder ein und führe die Nadel etwa 0,5 cm im Inneren an der Bruchkante entlang. Führe die Nadel auf diese Weise von einer Kante zur nächsten und immer etwa 0,5 cm durch die Bruchkante. Wiederhole die Stiche, bis die Naht geschlossen ist. Vernähe den Faden sorgfältig. Das fertige Stirnband erst als Oval hinlegen (die kurze Längsnaht liegt dabei mittig oben) und dann zu einer „8" legen.

4. Der richtige Dreh

Nun das Stirnband nochmals in der gleichen Art verdrehen und die beiden entstandenen Schlaufen sauber aufeinanderlegen. Den entstandenen Knoten vorn mit ein paar Handstichen fixieren. Dabei eventuell die kurze Längsnaht verstecken.

TIPP

Ein einfaches Stirnband kannst du dir in der gleichen Art nähen – den Stoff dafür einfach nur 55 cm breit zuschneiden.

SOMMERLICHES TUBETOP ✂

♥ MATERIAL

- Jersey in Schwarz-Weiß gemustert:
  Größe S und M: 55 cm
  Größe L und XL: 60 cm, jeweils 140 cm breit

- Bündchenware in Schwarz: 10 cm, 90 cm breit

♥ ZUSCHNITT

1 cm Naht- bzw. 3 cm Saumzugaben sind in den Schnittteilen bereits enthalten.

- **Aus Jersey**
  - 1 × Schnittteil 7 (Vorderteil, SB 2) und
    1 × Schnittteil 8 (Rückenteil, SB 1) jeweils im
    Stoffbruch von Tubetop-Linie bis Hüftlänge;
    vordere und hintere Mitte (= Stoffbruchkante)
    am Halsausschnitt und am Saumabschluss
    markieren, seitliche Hüft- und Taillenmarkie-
    rungen auf den Stoff übertragen

- **Aus Bündchenware**
  - 1 × Schnittteil 9 (Tubetop – Brustbund, SB 2)
    im Stoffbruch; Markierungen für vordere Mitte
    (= Stoffbruchkante) und Seitennähte auf den
    Stoff übertragen

♥ LOS GEHT'S

---

1. Seitennähte zusammenstecken

Lege das Vorderteil mit der rechten Stoffseite nach oben und das Rückenteil rechts auf rechts darauf. Beachte dabei, dass die Taillen- und Hüftknipse des Vorderteils und des Rückenteils genau übereinanderliegen. Stecke die Seitennähte zusammen.

2. Seitennähte schließen

Nähe die beiden Seiten jeweils mit einem elastischen Stich zusammen.

3. Brustbündchen annähen

Arbeite das Brustbündchen, wie auf Seite 18 und 19 für das Hüftbündchen beschrieben.

4. Saum nähen

Abschließend säume das Shirt mit einem doppelten Umschlagsaum. Bügle dafür die Saumkanten 1 und 2 cm breit nach links und steppe den Saum knappkantig mit einem dreigeteilten Zickzackstich ab.

TIPP

Wenn dir das Bündchen zu weit ist, kannst du auch nachträglich noch ein Gummiband mit max. 3 cm Höhe einziehen. Trenne dazu die Bündchennaht auf der Rückseite etwas auf, ziehe das Gummiband ein, nähe es zusammen und schließe die Bündchennaht mit ein paar Handstichen wieder.

BASISROCK

♥ MATERIAL

- Jersey im Denimlook: 40 cm, 140 cm breit
- Bündchenware in Grau: 20 cm, 90 cm breit

♥ ZUSCHNITT

1 cm Naht- bzw. 3 cm Saumzugaben sind in den Schnittteilen bereits enthalten.

- Aus Jersey
  - 1 × Schnittteil 10 (Basisrock Vorderteil, SB 1) und 1 × Schnittteil 11 (Basisrock Rückenteil, SB 1) jeweils im Stoffbruch; vordere und hintere Mitte (= Stoffbruchkante) an der Ober- und Unterkante markieren, seitliche Hüftmarkierungen auf den Stoff übertragen. Markiere dir zusätzlich das Rückenteil des Rocks mit einer Sicherheitsnadel in der Mitte des Stoffs.

- Aus Bündchenware
  - 1 × Schnittteil 12 (Basisrock Hüftbund, SB 1) im Stoffbruch; Markierungen für die Seitennaht sowie die vordere und hintere Mitte auf den Stoff übertragen

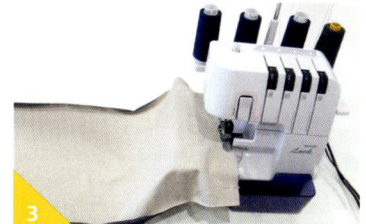

♥ LOS GEHT'S

---

1. Vorderteil auslegen

Lege das Vorderteil des Rocks mit der rechten Seite nach oben auf die Arbeitsfläche.

2. Teile aufeinanderlegen

Lege das Rückenteil des Rocks rechts auf rechts darauf und stecke die Seitenkanten zusammen. Achte darauf, dass die Hüftmarkierungen übereinanderliegen.

3. Seitenkanten nähen

Nähe die Seitenkanten mit der Overlock-Maschine oder mit einem schmal eingestellten Zickzackstich an deiner Nähmaschine zusammen.

4. Hüftbund und Saum nähen

Wende den Rock auf rechts und arbeite den Hüftbund, wie auf Seite 18 und 19 beschrieben. Nähe dann noch einen Saum. Bügle dafür die Saumkanten 1 und 2 cm breit nach links und steppe den Saum knappkantig mit einem dreigeteilten Zickzackstich ab.

TIPP

Am Saum kannst du einfach eine zusätzliche Rüsche anbringen: Schneide dir einen Streifen aus Stoff zu, der doppelt so breit wie dein Rocksaum ist. Raffe ihn, wie auf Seite 22 beschrieben, auf die Breite deines Rocksaums und nähe ihn auf der linken Stoffseite des Saums an.

SHIRT-KLEID

♥ MATERIAL

• Jacquard-Jersey: Größe S, M und L: 125 cm
Größe XL: 205 cm, jeweils 140 cm breit

• Vlieseline H609 oder G785: 30 cm, 90 cm breit

♥ ZUSCHNITT

1 cm Naht- bzw. 3 cm Saumzugaben sind in den
Schnittteilen bereits enthalten.

• Aus Jacquard-Jersey
  • 1 × Schnittteil 7 (Vorderteil, SB 2) und
    1 × Schnittteil 8 (Rückenteil, SB 1) jeweils im
    Stoffbruch in Kleidlänge; vordere und hintere
    Mitte (= Stoffbruchkante) am Halsausschnitt
    und am Saumabschluss markieren, seitliche
    Hüft- und Taillenmarkierungen auf den Stoff
    übertragen.
    Am Vorderteil die Markierungen für den vorde-
    ren Ärmeleinsatzpunkt anhand von je 1 Knips
    auf den Stoff übertragen und am Rückenteil
    die Markierungen für die hinteren Ärmelein-
    satzpunkte anhand von je 2 Knipsen auf den
    Stoff übertragen.
  • 2 × Schnittteil 13 (Ärmel – Kurzarm, SB 2),
    gegengleich; Markierungen für die vorderen
    (je 1 Knips) und hinteren Ärmeleinsatzpunkte
    (je 2 Knipse) und für die Schulternähte auf
    den Stoff übertragen

♥ BELEGE VORBEREITEN

  • Ein Stück Stoff, das groß genug für beide Belege
    ist, rückseitig mit der Vlieseline verstärken.
    1 × Schnittteil 14 (Beleg Vorderteil, SB 1) und
    1 × Schnittteil 15 (Beleg Rückenteil, SB 1) je-
    weils im Stoffbruch; vordere und hintere Mitte
    (= Stoffbruchkante) mit je 1 Knips markieren.

Größe
S–XL

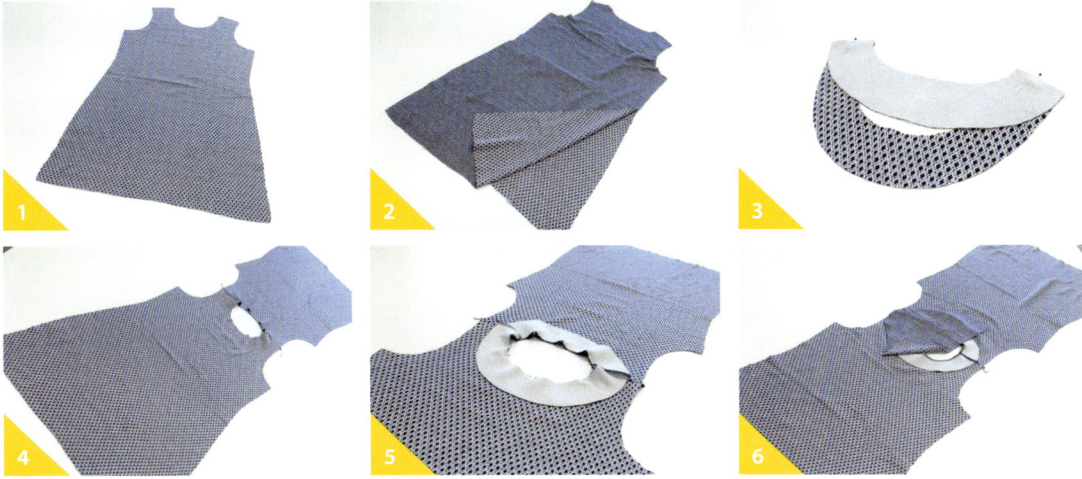

♥ LOS GEHT'S

---

1. Vorderteil auslegen

Lege das Vorderteil mit der rechten Stoffseite nach oben vor dich hin.

2. Schulternähte schließen

Lege das Rückenteil rechts auf rechts darauf, schließe die Schulternähte mit der Overlock-Maschine. Alternativ kannst du die Nähte auch jeweils mit einem schmal eingestellten Zickzackstich an deiner Haushaltsnähmaschine nähen, siehe auch Seite 13.

3. Belege zusammennähen

Lege die beiden Belege für den Halsausschnitt rechts auf rechts aufeinander und schließe auch hier die Schulternähte mit der Overlock-Maschine. Versäubere den unteren Rand des Belegs mit der Overlock-Maschine, da diese Kante später innen offen bleibt.

4. Nähstück auslegen

Lege das zusammengenähte Vorder- und Rückenteil auseinandergeklappt, die rechte Stoffseite zeigt dabei nach oben, vor dich hin.

5. Belege annähen

Lege den zusammengenähten Beleg rechts auf rechts darauf. Dabei treffen die Markierungen der vorderen und hinteren Mitte und die Schulternähte aufeinander. Nähe den Beleg mit der Overlock-Maschine am Vorder- und Rückenteil fest.

6. Ärmel feststecken

Lege die Ärmel rechts auf rechts auf das aufgeschlagene Vorder-/Rückenteil. Achte darauf, dass die Markierungen für die Schulter mit der Schulternaht und die Ärmeleinsatzmarkierungen jeweils aufeinandertreffen.

---

7. Zweiten Ärmel feststecken

Stecke beide Ärmel an den jeweiligen Armausschnitt. Beginne dabei jeweils an der Schulternaht. Die Rundungen laufen hier entgegengesetzt, dadurch bildet sich später die Schulter.

8. Ärmel einnähen

Nähe die beiden Ärmel mit der Overlock-Maschine an die Armausschnitte.

9. Zwischenstand

So sieht die Arbeit nun auseinandergeschlagen aus.

10. Ärmel- und Seitennähte schließen

Schlage die Arbeit nun wieder übereinander. Das Vorderteil liegt rechts auf rechts auf dem Rückenteil, die Ärmel sind der Länge nach halbiert. Beachte, dass die Achselnähte sowie die Hüft- und Taillenknipse des Vorder- und Rückenteils genau aufeinanderliegen. Nähe die Ärmel- und Seitennähte mit der Overlock-Maschine zusammen.

11. Halsbeleg absteppen

Wende das Shirt auf rechts. Bügle den Beleg vom Halsausschnitt zur linken Stoffseite. Stecke ihn rundherum fest und nähe ihn von der linken Stoffseite mit einem dehnbaren Stich der Haushaltsnähmaschine fest. Diese Naht ist später von außen sichtbar. Arbeite hier also schön sauber!

12. Säume nähen

Wende das Shirt auf rechts und arbeite die Ärmel- und Shirtsäume. Bügle dafür die Saumkanten jeweils 1 und 2 cm breit nach links und steppe dann den Saum knappkantig mit einem dreigeteilten Zickzackstich ab!

STREIFENKLEID

♥ MATERIAL

• Jersey in Schwarz-Weiß gestreift:
  Größe S: 125 cm
  Größe M und L: 130 cm
  Größe XL: 135 cm, jeweils 140 cm breit

• Jersey in Jeansoptik: 30 cm, 140 cm breit

• Jersey in Gelb: 10 cm, 140 cm breit

• Vlieseline H609 oder G785: 30 cm, 90 cm breit

ZUSCHNITT VON STREIFENSTOFFEN

Beim Zuschnitt von Streifenstoffen musst du darauf achten, dass die Streifen an den Seitennähten genau aufeinanderstoßen. Lege also den Stoff für den Zuschnitt im Stoffbruch so übereinander, dass die Streifen genau übereinanderliegen. Achte darauf, dass der Achselpunkt des Vorderteils genau an einem der Streifen beginnt. An dieselbe Stelle setzt du dann den Achselpunkt des Rückenteils an. Vergleiche die Streifenposition auch an den Hüft- und Taillenknipsen und am Saum des Shirts. Beim Zuschnitt der Ärmel achte darauf, dass die Ärmelansatzpunkte auf derselben Stelle am Streifen wie die Ansatzpunkte des Vorder- und Rückenteils liegen. Durch die unterschiedlichen Rundungen des Armausschnitts und des Ärmels werden die Streifen an der Ärmeleinsatznaht nicht durchgehend zu 100 % übereinanderliegen.

💛 ZUSCHNITT

1 cm Naht- bzw. 3 cm Saumzugaben sind in den Schnittteilen bereits enthalten.

- **Jersey in Schwarz-Weiß gestreift**
  - 1× Schnittteil 7 (Vorderteil, SB 2) und 1× Schnittteil 8 (Rückenteil, SB 1) jeweils im Stoffbruch bis Hüftlänge; vordere und hintere Mitte (= Stoffbruchkante) am Halsausschnitt und am Saumabschluss markieren, seitliche Hüft- und Taillenmarkierungen auf den Stoff übertragen. Am Vorderteil die Markierungen für den vorderen Ärmeleinsatzpunkt anhand von je 1 Knips, am Rückenteil die Markierungen für die hinteren Ärmeleinsatzpunkte anhand von je 2 Knipsen auf den Stoff übertragen.
  - 2× Schnittteil 13 (Ärmel, SB 2), gegengleich; Markierungen für die vorderen (je 1 Knips) und hinteren Ärmeleinsatzpunkte (je 2 Knipse) und die Markierungen für die Schulternähte auf den Stoff übertragen
  - 1× Schnittteil 10 (Basisrock Vorderteil, SB 1) und 1× Schnittteil 11 (Basisrock Rückenteil, SB 1) jeweils im Stoffbruch; vordere und hintere Mitte (= Stoffbruchkante) an der Ober- und Unterkante markieren, seitliche Hüftmarkierungen auf den Stoff übertragen, Rückenteil mit einer Sicherheitsnadel markieren
  - Ein Stück Stoff, das groß genug für beide Belege ist, rückseitig mit Vlies verstärken. Daraus 1× Schnittteil 14 (Beleg Vorderteil, SB 1) und 1× Schnittteil 15 (Beleg Rückenteil, SB 1) jeweils im Stoffbruch zuschneiden; vordere und hintere Mitte (= Stoffbruchkante) markieren.

- **Aus Jersey in Jeansoptik**
  - 1× Schnittteil 17 (Hüftbund, SB 1) im Stoffbruch; Markierungen für die Seitennaht sowie die vordere und hintere Mitte an Ober- und Unterkante auf den Stoff übertragen
  - Ein Stück Stoff, das groß genug für den Bubikragen ist, rückseitig mit Vlies verstärken. Daraus 2× Schnittteil 16 (Bubikragen, SB 1) im Stoffbruch zuschneiden; vordere und hintere Mitte (= Stoffbruch) und Schulternähte markieren.
  - 2× Tasche: 15 × 11 cm; ab Größe L ggf. etwas größer, Ecken an der Unterkante abrunden

💛 LOS GEHT'S

1. Oberteil zusammennähen

Arbeite die Schritte 1–2 und 6–10 des Shirt-Kleids ab Seite 55. Wende das Shirt auf rechts. Nähe die Bubikragen-Teile an der Außenkante rechts auf rechts zusammen. Schneide die Nahtzugaben bis auf 3 mm an die Naht zurück. Wende und bügle den Kragen. Stecke den Kragen links auf rechts an den Halsausschnitt, sodass die Kragenhälften genau 1 cm unterhalb der Kante – also da, wo die Naht verlaufen wird – in der vorderen Mitte zusammentreffen. Nähe die Belege zusammen und an den Halsausschnitt, wie auf Seite 55 in Schritt 3–5 beschrieben. Hier liegt nur noch zusätzlich der Kragen zwischen Belegen und Shirt. Schlage anschließend den Beleg nach innen und den Kragen nach oben. Steppe den Halsausschnitt am Shirt ab, ohne dabei den Kragen mitzufassen. Bügle Beleg und Kragen und befestige den Beleg mit einigen Handstichen an den Schulternähten.

2. Taschen vorbereiten

Schlage die Oberkanten der Taschen um 1 cm ein und dann um weitere 2 cm um. Nähe die Kante knappkantig mit dem Geradstich der Haushaltsnähmaschine fest.

3. Rockteil zusammennähen

Bügle die Seiten und die Unterkanten der Taschen 1 cm breit zur linken Stoffseite um und stecke die Taschen in der gewünschten Position auf das Vorderteil des Rocks. Nähe die Taschen seitlich und unten mit dem Geradstich der Haushaltsnähmaschine fest. Lege die Rockteile rechts auf rechts aufeinander und schließe die Seitennähte.

4. Hüftbund vorbereiten

Wende den Rock auf rechts. Nähe die Schmalseiten des Hüftbunds rechts auf rechts zusammen, sodass ein Ring entsteht.

5. Hüftbund an den Rock nähen

Stülpe den Hüftbund rechts auf rechts über die Oberkante des Rocks, stecke die Markierungen jeweils aufeinander und nähe ihn leicht gedehnt fest.

6. Rock und Oberteil zusammennähen

Stülpe nun den Hüftbund mit dem angenähten Rock rechts auf rechts über die Unterkante des Shirts, stecke die Markierungen auch hier jeweils übereinander und nähe den Bund leicht gedehnt am Oberteil fest.

7. Rollbündchen nähen

Auf Seite 24 und 25 findest du eine Anleitung, wie du aus dem gelben Jersey Streifen für die Rollbündchen an den Ärmeln zuschneidest und annähst.

8. Saum nähen

Nähe zum Schluss noch den Saum. Bügle dafür die Saumkanten jeweils 1 und 2 cm breit nach links und steppe dann den Saum knappkantig mit einem dreigeteilten Zickzackstich ab.

ZIPFELJACKE

💛 MATERIAL

- Stoffempfehlung: Viskosejersey, Baumwolljersey oder leichte Strickstoffe; du brauchst 2 × die Jackenlänge + 20 cm für Zugaben und Gürtel, bei einer Stoffbreite von 140 cm

TIPP

Um den Drapiereffekt auf der Vorderseite zu verstärken, nähe ein hübsches zartes Band auf die Innenkanten der beiden Vorderteile der Zipfeljacke.

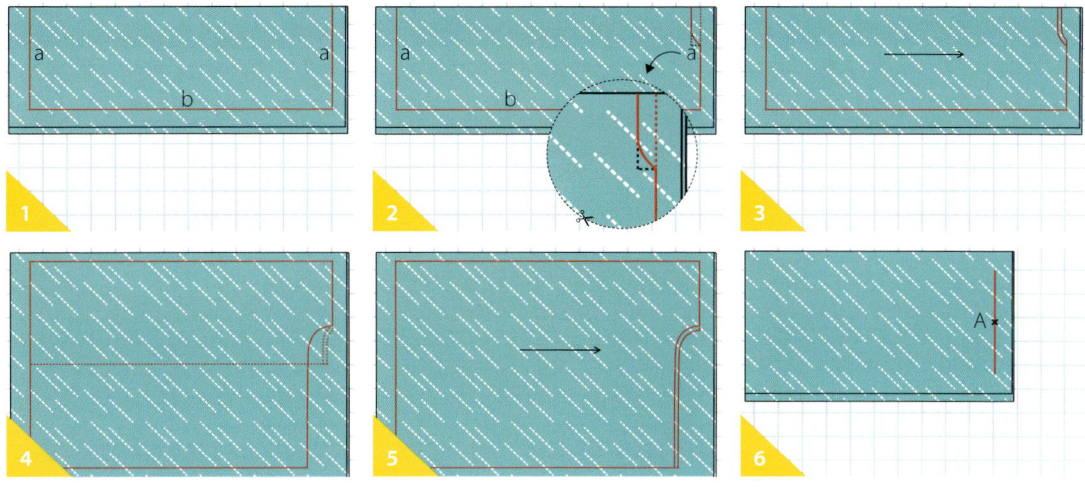

♥ LOS GEHT'S

---

1. Rückenteil aufzeichnen

Du beginnst mit dem Zeichnen des Rückenteils, eines Rechtecks. Dafür lege deinen Stoff rechts auf rechts aufeinander. Füge deinem Brustumfang, je nach gewünschter Weite der Jacke, 5–7 cm hinzu und teile den Betrag durch vier. Das Ergebnis ist die Länge der a-Seite des Rechtecks, zeichne sie rechtwinklig zum Stoffbruch und füge 1 cm Nahtzugabe hinzu. Miss nun die gewünschte Gesamtlänge inklusive Saumzugaben nach unten ab (Seite b) und vervollständige das Rechteck.

2. Halsausschnitt einzeichnen

Jetzt wird zwischen Stoffbruch und der oberen a-Seite der halbe hintere Halsausschnitt eingezeichnet. Hier ist er ca. 10 cm breit und 2 cm tief.

3. Rückenteil zuschneiden

Das Rückenteil wird einmal im Stoffbruch zugeschnitten, am Halsausschnitt füge Nahtzugaben von 1–1,5 cm hinzu – es sei denn, du willst ihn mit einem Jerseystreifen einfassen, dann brauchst du keine Nahtzugabe.

4. Vorderteil aufzeichnen

Für das Vorderteil markiere auf dem rechts auf rechts zusammengelegten Stoff, aber nicht am Stoffbruch, zunächst ein Rechteck mit folgenden Maßen: Seine a-Seite ist doppelt so lang wie die a-Seite des Rückenteils, die b-Seite ist so lang wie die des Rückenteils. Der Halsausschnitt wird mit gleichem Abstand zur Schulterkante wie beim Rückenteil, aber tiefer eingezeichnet (etwa 5–7 cm) und ab der vorderen Mitte (= Mitte des Rechtecks) in einer geraden Linie weitergeführt.

5. Vorderteil zuschneiden

Schneide das Vorderteil zweimal gegengleich zu – das ergibt sich automatisch, wenn du die beiden Stofflagen gemeinsam ausschneidest. Die meisten Nahtzugaben sind bereits enthalten, da du die Maße vom Rückenteil übernommen hast. Am Halsausschnitt gibst du aber wieder 1–1,5 cm breite Zugaben hinzu – außer, du willst ihn mit einem Jerseystreifen einfassen, in diesem Fall ist keine Nahtzugabe nötig.

6. Ärmel aufzeichnen

Für den Ärmel miss deinen Oberarmumfang ab und rechne 4–6 cm dazu. In der entsprechenden Länge zeichne eine waagerechte Linie auf deinen rechts auf rechts zusammengelegten Stoff. Du kannst die Breite deiner Nahtzugabe bereits beim Zeichnen zweimal dazugeben. Markiere den Mittelpunkt (A) dieser Linie.

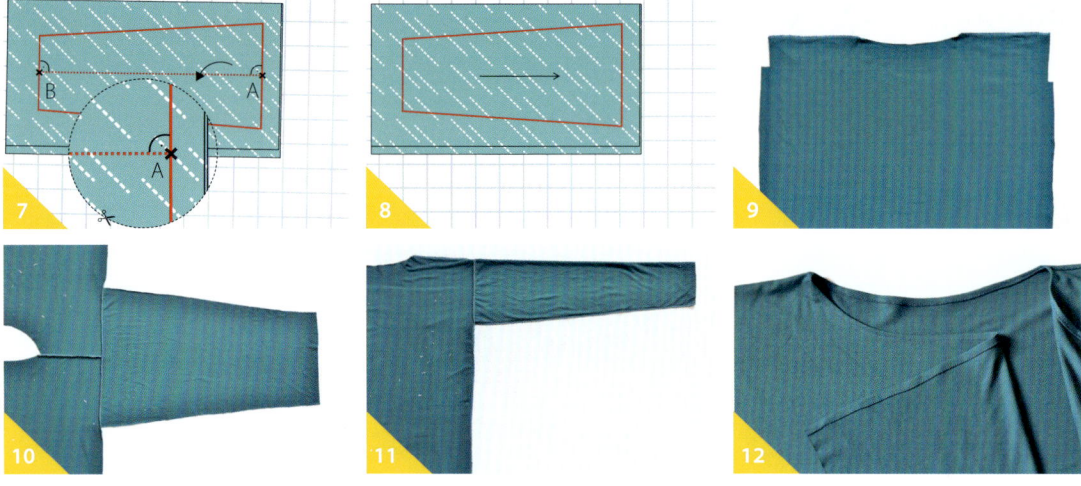

7. Ärmellänge aufzeichnen

Miss jetzt, vom Mittelpunkt der Linie (A) ausgehend, im rechten Winkel die gewünschte Ärmellänge nach unten und markiere dort einen weiteren Punkt (B). Füge nun die Nahtzugabe für den oberen Rand plus Saumzugabe hinzu. Auf der Höhe dieses Punkts zeichne als Nächstes eine waagerechte Linie mit der Länge der gewünschten Ärmelsaumweite auf. Der Punkt B liegt in der Mitte dieser Linie. Zeichne die Seitenlinien des Ärmelschnittteils, indem du die Endpunkte der Linien verbindest.

8. Ärmel zuschneiden

Überprüfe zuerst noch einmal, ob du alles richtig gemessen hast. Wenn alles stimmt, schneidest du den Ärmel zweimal gegengleich zu.

9. Schulternähte schließen

Als Erstes werden die Schulternähte geschlossen, dabei liegen die Vorderteile und das Rückenteil rechts auf rechts aufeinander. Bügle die Nahtzugaben zum Rückenteil hin; wenn dein Stoff ausfranst, versäubere sie zusammengefasst. Versäubere die Stoffe, falls nötig, auch bei den kommenden Nähten, das wird nicht noch einmal extra erwähnt.

10. Ärmel annähen

Klappe das Rückenteil und die Vorderteile nun auseinander, die rechte Stoffseite liegt oben. Stecke die obere Ärmelkante rechts auf rechts darauf, der Mittelpunkt der Ärmelkante trifft auf die Schulternaht. Die Ärmel weisen zum Vorder- und Rückenteil hin. Nähe die Ärmel fest und bügle die Nahtzugaben ins Vorder- und Rückenteil.

11. Seiten- und Ärmelnähte schließen

Danach klappst du die Jacke so zusammen, dass die Seitenkanten der Ärmel und die Seiten von Vorder- und Rückenteil rechts auf rechts aufeinanderliegen. Schließe Seiten- und Ärmelnähte mit einer durchgehenden Naht, achte darauf, dass Ärmel- und Seitennaht dabei genau aufeinanderliegen. Bügle die Nahtzugaben zum Rückenteil. Jetzt kannst du eine Anprobe machen und eventuelle Längen- oder Weitenänderungen vornehmen.

12. Halsausschnitt umnähen

Schlage die Nahtzugaben am Halsausschnitt zweimal schmal (ca. 5 mm) ein, sodass keine offenen Kanten mehr zu sehen sind. Nähe die eingeschlagenen Kanten fest. Du könntest den Halsausschnitt auch mit einem Jerseystreifen einfassen, siehe Seite 17.

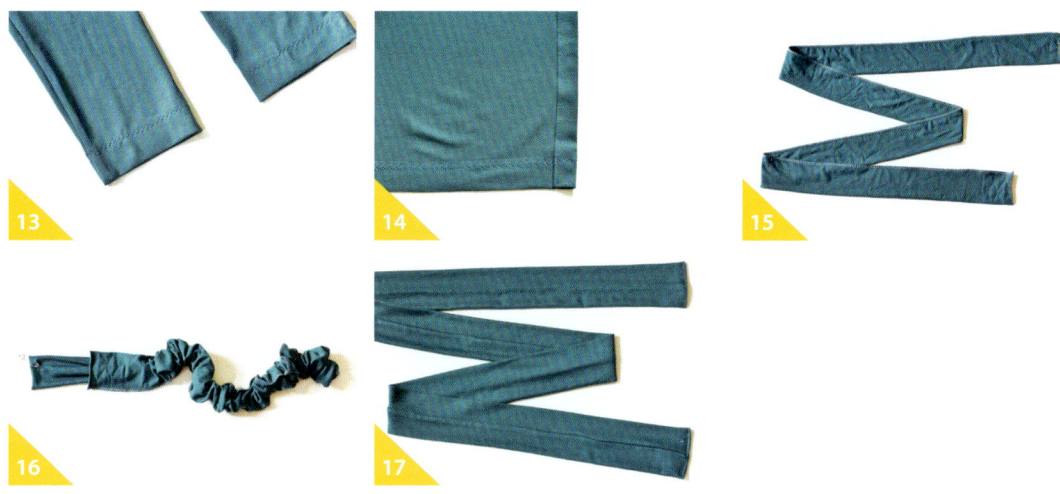

13. Saum nähen

An der Unterkante wird die Zipfeljacke gesäumt, wie auf Seite 23 beschrieben. Ich habe in diesem Beispiel einen schmalen, einfach eingeschlagenen Saum gewählt, der in Kombination mit dem gewählten Jersey nicht zu stark aufträgt und schlicht aussieht. Je nach deiner Stoffwahl oder dem gewünschten Design sind natürlich auch andere Saumvarianten geeignet. Auch die Ärmelsäume der Zipfeljacke werden dann noch wie der Jackensaum eingeschlagen und festgenäht.

14. Vordere Kanten umnähen

Zum Schluss schlägst du die seitlichen Kanten der Vorderteile zweimal 1 cm nach links ein und nähst sie fest. Die Jacke ist jetzt eigentlich fertig, aber weil es so Spaß macht, nähst du noch einen passenden Gürtel.

15. Gürtel zuschneiden

Schneide einen Stoffstreifen in der gewünschten Länge und der doppelten gewünschten Breite zu und füge die Nahtzugaben gleich hinzu. Falte den Streifen rechts auf rechts zusammen und nähe ihn entlang der langen Seite zu einem Schlauch zusammen.

16. Gürtel wenden

Den Schlauch wendest du mithilfe einer Sicherheitsnadel, anschließend lege ihn so, dass die Naht in der Mitte ist, und bügle ihn.

17. Gürtelenden nähen

An den Enden werden die Nahtzugaben nach innen gestülpt und angenäht. Du kannst den Gürtel auch rundherum absteppen oder ein zusätzliches Band oder eine Borte daraufsteppen.

TIPP/VARIANTE

Die Jacke lässt sich in verschiedenen Längen nähen, auch die Ärmellänge kannst du variieren. Trage die Jacke offen, mit in Zipfeln fallenden Vorderteilen, oder schließe sie mit deinem Gürtel.

LEICHTER BOLERO

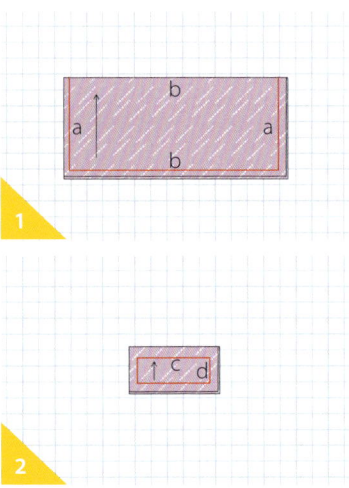

maß-geschneidert

♥ **LOS GEHT'S**

1. Bolero zuschneiden

Lege den Stoff doppelt, rechts auf rechts. Zeichne vom Stoffbruch im rechten Winkel nach unten Linie a ein. Für ihre Länge miss etwa von Brusthöhe nach unten bis dahin, wo der Bolero enden soll. Rechne für die Saumzugaben 5 cm dazu. Miss bei ausgestreckten Armen die gewünschte Weite des Boleros ab, z. B. von Ellbogen zu Ellbogen. Füge 2 cm für die Nahtzugaben hinzu und miss diese Strecke – b – am Stoffbruch ab. Vervollständige das Rechteck und schneide es im Stoffbruch zu.

2. Armbündchen zuschneiden

Miss deinen Armumfang an der Stelle, an der der Bolero enden soll. Füge die gewünschte Mehrweite (für weite Ärmel 10 cm) plus Nahtzugaben hinzu. Überlege, wie lang deine Bündchen sein sollen (hier 5 cm), verdopple dieses Maß. Füge Nahtzugaben hinzu. Es ergibt sich ein Rechteck mit Seite c = Armumfang + Weitenzugabe + Nahtzugaben und Seite d = doppelte gewünschte Bündchenhöhe + Nahtzugaben. Das Rechteck 2× zuschneiden.

----

3. Seitennähte schließen

Bei ausfransenden Stoffen versäubere vor dem Nähen alle Kanten. Falte nach dem Versäubern das große Rechteck rechts auf rechts aufeinander, genau so, wie es bereits zum Zuschneiden lag. Von der Stoffbruchkante nach unten miss nun auf beiden Seiten die halbe Länge deines Ärmelbündchens (Seite c minus Nahtzugabe durch zwei) ab und mache dir an diesen Stellen eine kleine Markierung. Nähe das Rechteck auf beiden Seiten von unten bis zur Markierung zusammen.

4. Armbündchen vorbereiten

Falte als Nächstes die beiden kleinen Rechtecke rechts auf rechts zusammen. Schließe die Nähte an den kurzen Seiten, sodass sich Ringe ergeben. Die Nahtzugaben werden jeweils auseinandergebügelt. Nun klappst du die kleinen Ringe der Länge nach zusammen, sie sind dann nur noch halb so hoch, die linken Stoffseiten liegen innen

5. Armbündchen annähen

Schiebe die Bündchen zunächst rechts auf rechts in die Armlöcher. Die offenen Kanten der Bündchenringe treffen dabei auf die Armausschnitte. Die Naht an den Bündchenringen soll dabei jeweils unten liegen und genau auf die Seitennähte des großen Rechtecks treffen. Nähe die Armbündchen rundherum fest.

6. Anprobe

Wende den Bolero auf rechts und klappe die Armbündchen nach außen. Mache jetzt eine Anprobe, prüfe, ob die Länge des Boleros für dich passt, und kürze ihn gegebenenfalls. Bedenke dabei aber, dass sich die Länge durch das Säumen ohnehin noch einmal um 5 cm verringern wird. Um den Hals herum soll der Stoff in lockeren Falten liegen, etwas stauchen ist an dieser Stelle normal und braucht dich nicht zu irritieren. Wenn alles zu deiner Zufriedenheit passt, musst du nur noch ein kleines bisschen weiternähen, bis der Bolero fertig ist.

7. Saum nähen

Zum Schluss wird der Bolero gesäumt. Damit keine offenen Kanten mehr zu sehen sind, bügle die Saumkante 2,5 cm nach innen, zur linken Stoffseite hin. Schlage die Kante dann noch einmal 2,5 cm breit ein und stecke und nähe den Stoff rundherum fest.

8. Der fertige Bolero

So sieht dein fertiger Bolero aus, wenn du ihn flach ausbreitest.

WOHLFÜHLHOSE

- Stoffempfehlung: Viskosejersey, Baumwolljersey oder weich fließende, leichte Webstoffe; du brauchst 2× die gewünschte Hosenlänge (ohne Beinbündchen) + 2× Hüftbundhöhe + 10 cm, siehe auch Schritt 1–12
- Für Bauch- und Beinbündchen kannst du auch Bündchenware verwenden.

maß-geschneidert

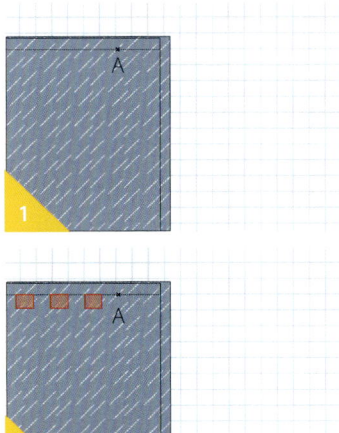

♥ LOS GEHT'S

1. Hosenteil aufzeichnen

Zuerst wird das halbe hintere Hosenteil gezeichnet, dein Stoff liegt dabei rechts auf rechts aufeinandergefaltet. Markiere ca. 5 cm unterhalb der oberen Stoffkante eine Hilfslinie im rechten Winkel zum Stoffbruch. Die Hose soll eher hüftig sitzen – miss also den Umfang deines Körpers unterhalb des Bauchnabels und etwas oberhalb der breitesten Stelle der Hüfte. Füge diesem Umfang 1–2 cm Bequemlichkeitszugabe hinzu und teile den Betrag durch vier. Zu diesem Ergebnis rechnest du nun die gewünschte gesamte Faltentiefe für das halbe hintere Hosenteil hinzu. Wenn du also pro halbem hinteren Hosenteil drei Falten mit je 6 cm Falteninhalt arbeiten möchtest, rechne 18 cm dazu. In der entsprechenden Entfernung vom Stoffbruch zeichnen einen Punkt (A) auf der Hilfslinie ein.

2. Falten markieren

Zeichne die Position der Falten ein. Du kannst die Falten auch später, bei der ersten Anprobe, abstecken.

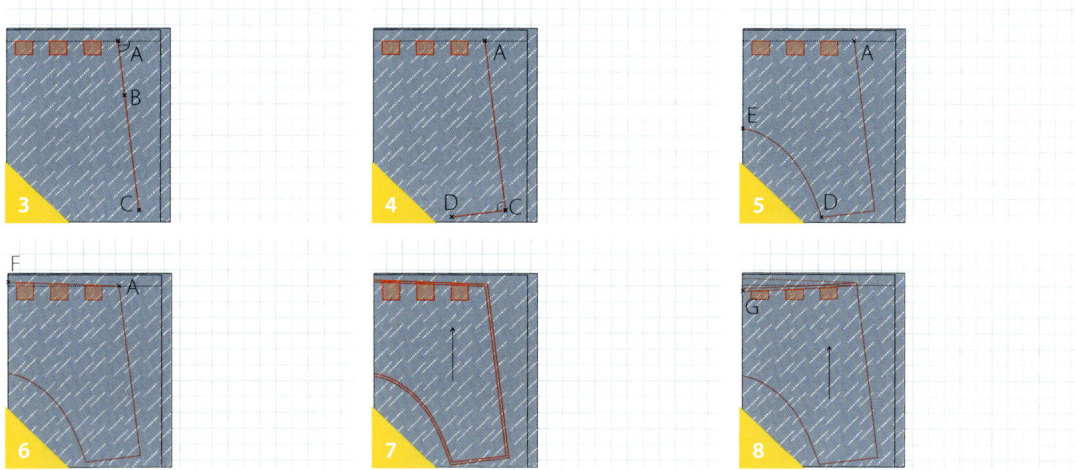

3. Beinlänge anzeichnen

Lege als Nächstes dein Geodreieck bei Punkt A an und markiere dir im Winkel von ca. 80° zur Hilfslinie einen Hilfspunkt (B). Durch diesen Punkt B ziehst du nun, von A beginnend, mit dem Lineal eine gerade Linie nach unten. Die Länge der Linie richtet sich nach der gewünschten Länge deiner Hose – etwa unterknielang oder wadenlang – abzüglich der Länge der Beinbündchen. Der Endpunkt der Linie ist Punkt C.

4. Untere Hosenkante anzeichnen

Miss den Beinumfang an der Stelle, an der deine Hose später enden soll, und addiere zu diesem Betrag etwa 5 cm. Danach teilst du diesen Betrag durch zwei. In der entsprechenden Länge zeichnest du von Punkt C im rechten Winkel eine Linie nach innen, diese endet bei Punkt D. Hier werden später die Bündchen sitzen.

5. Schritt anzeichnen

Als Nächstes musst du die Schritttiefe bestimmen. Miss von dort, wo der Bund der Hose in etwa sitzen soll, nach unten. Hier beträgt die Schritttiefe 30 cm. In der gewünschten Entfernung markiere am Stoffbruch, von der Hilfslinie senkrecht nach unten gemessen, einen weiteren Punkt (E). Ziehe dann eine gebogene Linie von Punkt E zu Punkt D. Das hintere Hosenteil ist nun fast fertig.

6. Bundlinie anzeichnen

Für eine bessere Passform kannst du an der hinteren Mitte 2–3 cm nach oben messen und dort Punkt F einzeichnen. Zeichne ab hier eine leicht gebogenen Bundlinie. Dazu beginnst du an Punkt F mit einem waagerechten Strich und führst die Linie dann ganz leicht gebogen bis zu Punkt A. Du kannst die Faltenpositionen auf der Bundlinie markieren.

7. Hinteres Hosenteil zuschneiden

Kontrolliere noch einmal, ob du alles richtig aufgezeichnet hast. Schneide dann das hintere Hosenteil im Stoffbruch zu, gib dabei an allen Kanten Nahtzugaben hinzu.

8. Vorderes Hosenteil zuschneiden

Das hintere Hosenteil dient als Vorlage für das Vorderteil. Geändert wird bei diesem nur die Bundlinie. Miss an der vorderen Mitte, also am Stoffbruch, von der Höhe der ursprünglichen Hilfslinie 1–1,5 cm nach unten. Von diesem Punkt (G) aus zeichne eine ganz leicht nach innen gebogene Linie bis zur äußeren Hosenbeinkante. Du kannst die Position der Falten auf dieser Linie markieren. Danach wird das Vorderteil im Stoffbruch zugeschnitten. Die Nahtzugaben sind beim Vorderteil an drei Kanten bereits enthalten und müssen deswegen nur noch an der Bundlinie hinzugefügt werden.

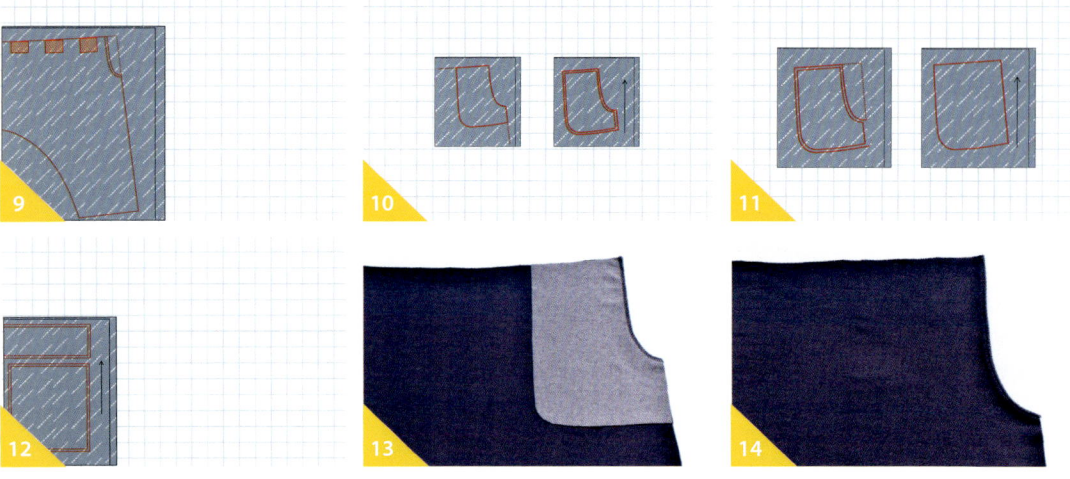

---

9. Tascheneingriff aufzeichnen

Für eine Hose mit Taschen zeichne zwischen Bundlinie und Seitennaht eine gebogene Linie für den Tascheneingriff ein. Das Vorderteil der Hose liegt dabei noch im Stoffbruch, so werden die Eingriffe symmetrisch. Hier ist der Eingriff etwa 4 cm breit und 14 cm lang. Schneide den überflüssigen Stoff weg, lass aber am Tascheneingriff eine Nahtzugabe stehen.

10. Inneren Taschenbeutel zuschneiden

Für die inneren Taschenbeutel wird das vordere Hosenteil als Vorlage benutzt. Zeichne den Tascheneingriff und ein Stück von Seiten- und Bundlinie ab. Zeichne einen gerundeten inneren Taschenbeutel, etwa 16 cm breit und 20 cm hoch. Er wird zweimal gegengleich zugeschnitten.

11. Äußeren Taschenbeutel zuschneiden

Zusätzlich brauchst du zwei gegengleich zugeschnittene äußere Taschenbeutel. Nimm hierfür den inneren Taschenbeutel als Vorlage und verlängere Bund- und Seitenlinie, bis diese sich kreuzen. Verwende das bei Punkt 9 abgeschnittene Stoffstück als Vorlage.

12. Bündchen zuschneiden

Für die lange Seite des Hüftbündchens miss den Oberkantenumfang der Hose abzüglich der Falten und multipliziere den Betrag mit 0,7–0,8. Die kurze Seite ergibt sich aus der doppelten gewünschten Bündchenhöhe. Schneide das Hüftbündchen im Stoffbruch zu. Nahtzugaben nicht vergessen. Zeichne für die Beinbündchen zwei Rechtecke, doppelt so hoch wie die gewünschte Bündchenhöhe. Für die Breite miss den Saumumfang des Hosenbeins ab und multipliziere ihn mit 0,7–0,8. Schneide mit Nahtzugaben zu.

13. Inneren Taschenbeutel annähen

Lege den inneren Taschenbeutel jetzt rechts auf rechts auf das Vorderteil der Hose und nähe ihn entlang des gerundeten Tascheneingriffs fest. Du kannst die Nahtzugaben an der Rundung einschneiden, damit sie sich besser legen. Schneide die Nahtzugaben ganz vorsichtig nur ein paar Millimeter ein und pass auf, dass du dabei die Befestigungsnaht nicht verletzt. Anschließend werden die Nahtzugaben zusammen versäubert.

14. Tascheneingriff absteppen

Klappe den inneren Taschenbeutel nun nach hinten. Bügle die Kante des Tascheneingriffs ordentlich und steppe sie knapp – etwa 2–3 mm neben dem Rand – ab. Nähe dabei schön langsam, vor allem, wenn du noch ein Nähanfänger bist. Suche dir etwas am Nähmaschinenfuß, an dem du dich orientieren kannst, um gleichmäßig breit zu nähen. Arbeite Schritt 13 und 14 jetzt auch für den zweiten inneren Taschenbeutel.

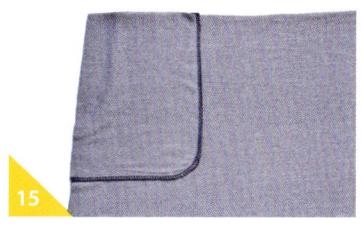

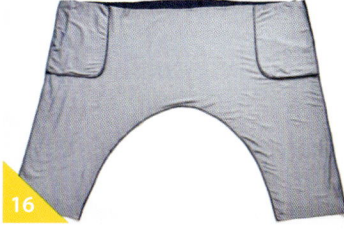

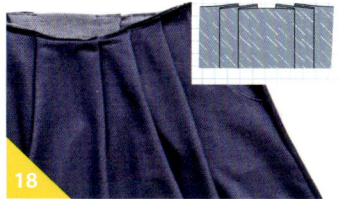

15. Äußeren Taschenbeutel annähen

Lege das Hosenvorderteil mit der linken Stoffseite nach oben vor dich hin. Der äußere Taschenbeutel wird rechts auf rechts auf den inneren Taschenbeutel gesteckt und beide werden entlang der Innenkante zusammengenäht, die Nahtzugaben werden versäubert. Achte darauf, den Stoff des Vorderteils nicht mitzufassen. Fertig ist die erste Tasche! Nähe die zweite auf dieselbe Art und Weise. Die Taschenbeutel kannst du seitlich innerhalb der Nahtzugabe festnähen. Die Oberkante der Taschenbeutel fixiere noch nicht, dieser Schritt kommt erst, nachdem die Falten gelegt und fixiert sind.

16. Hosenbeinnähte schließen

Als Nächstes werden die innere und die äußeren Hosenbeinnähte geschlossen. Die Nahtzugaben werden danach versäubert und zum hinteren Hosenteil hin gebügelt.

17. Anprobe

Mache eine Anprobe und stecke die Falten wie gewünscht ab bzw. überprüfe die Position der vorher bereits markierten Falten. Du kannst mehrere kleinere oder weniger große Falten legen oder auch unregelmäßig große. Auf der Hosenrückseite werden die Falten jeweils in Richtung der hinteren Mitte gelegt. Fixiere die Falten im hinteren Hosenteil mit einer Naht innerhalb der Nahtzugabe an der Oberkante der Hose.

18. Falten fixieren

Vorn werden die Falten in Richtung Tascheneingriff bzw. äußere Hosenbeinnaht gelegt. Die Falten befinden sich zwischen den Tascheneingriffen. Klappe die Taschenbeutel beim Stecken und Nähen der Falten zur Seite, damit sie nicht stören. Anschließend nähe auch die Oberkanten der Taschenbeutel innerhalb der Nahtzugabe an die Oberkante der Hose.

19. Hüftbündchen annähen

Schließe den Stoffstreifen für das Hüftbündchen an den Schmalseiten rechts auf rechts zum Ring. Diesen kannst du anprobieren, um die Weite zu überprüfen. Dann wird das Hüftbündchen an die Oberkante der Hose angenäht, wie auf Seite 18 und 19 beschrieben. In gleicher Weise nähst du auch noch die Beinbündchen an.

TIPP/VARIANTEN

Spiele mit der Hosenbeinlänge und der Länge der Bündchen. Du kannst den Schritt auch noch viel tiefer setzen, z. B. bis auf Kniehöhe. Für eine schlichtere Hose lass die Falten weg oder nähe nur wenige, nicht so tiefe Falten.

PONCHO-PULLOVER

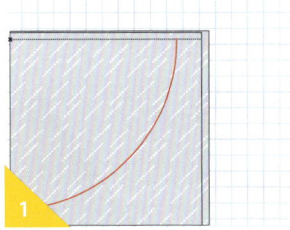

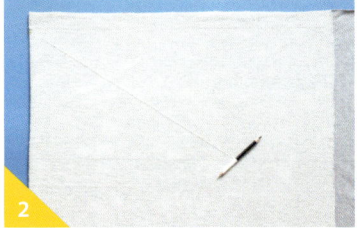

♥ MATERIAL

- Stoffempfehlung: dehnbare Stoffe wie Sweat, Fleece, Jacquard oder Strickstoff; du brauchst den Kreisradius (Schritt 1) + die Kragenhöhe (Schritt 10) + 10 cm

- Für die Bündchen kannst du Bündchenware verwenden oder den Hauptstoff.

- Als Futter für Kragen und Tasche eignet sich Baumwolljersey. Größe siehe Schritt 10 und 11.

- 5 Knöpfe oder Druckknöpfe

- Bügeleinlage siehe Schritt 14

♥ LOS GEHT'S

1. Kreis aufzeichnen

Lege deinen Stoff rechts auf rechts zusammen und markiere 2–3 cm unterhalb der Oberkante eine Hilfslinie im rechten Winkel zum Stoffbruch.
Um die Länge deines Pullis zu bestimmen, miss von deiner Schulter über die Brust bis etwa auf Hüfthöhe. Zeichne nun einen Viertelkreis auf den Stoff: Der Radius ergibt sich aus der gemessenen Länge zwischen Schulter und Hüfte. Der Mittelpunkt des Kreises liegt da, wo Stoffbruch und Hilfslinie aufeinandertreffen.

2. Fadenzirkel

Um einen regelmäßigen Kreis zu zeichnen, kannst du eine Schnur an einem Ende an eine Stecknadel, am anderen Ende an einen Stift knoten; der Abstand zwischen den Knoten entspricht dem Radius. Befestige die Stecknadel am Mittelpunkt des Kreises und zeichne dann, bei gespannter Schnur, ähnlich wie mit einem Zirkel, die Kreislinie. Das geht leichter, wenn du die Stecknadel dabei festhältst (oder sie von jemand anderem halten lässt).

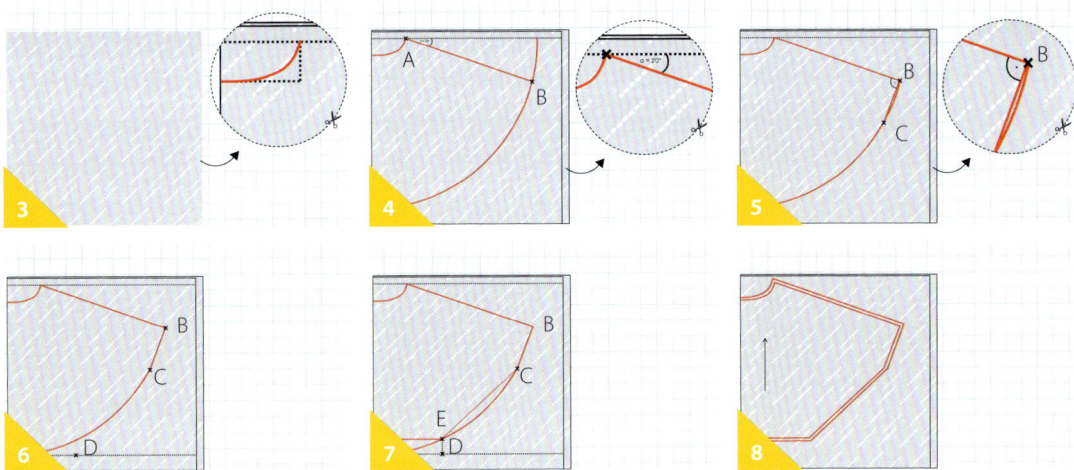

3. Halsausschnitt anzeichnen

Jetzt wird zwischen Stoffbruch und Hilfslinie der halbe vordere Halsausschnitt gezeichnet. Hier ist er 12 cm breit und 6 cm tief.

4. Schulterlinie anzeichnen

Lege nun dein Geodreieck dort an, wo Halsausschnitt und Hilfslinie einander kreuzen (Punkt A), und zeichne eine Linie im Winkel von 20°. Diese Linie kreuzt die Kreislinie bei Punkt B.

5. Armausschnitt anzeichnen

Von Punkt B zeichne für den Armausschnitt im rechten Winkel zur Schulterlinie eine Linie nach unten. Sie kreuzt die Kreislinie bei Punkt C.

6. Saumweite anzeichnen

Auf Hüfthöhe, also am unteren Ende des Kreises, markiere eine weitere Hilfslinie im rechten Winkel zum Stoffbruch. Miss auf dieser Linie deinen Hüftumfang + 4–6 cm geteilt durch vier ab; du erhältst Punkt D.

7. Saumlinie anzeichnen

Verschiebe Punkt D senkrecht nach oben bis zur Kreislinie, du erhältst Punkt E. Parallel zur unteren Hilfslinie zeichne nun eine waagerechte Linie zwischen Punkt E und dem Stoffbruch. Begradige die Strecke von E zu C.

8. Vorderteil zuschneiden

Fertig ist das Vorderteil. Füge rundherum Nahtzugaben hinzu und schneide es im Stoffbruch zu.

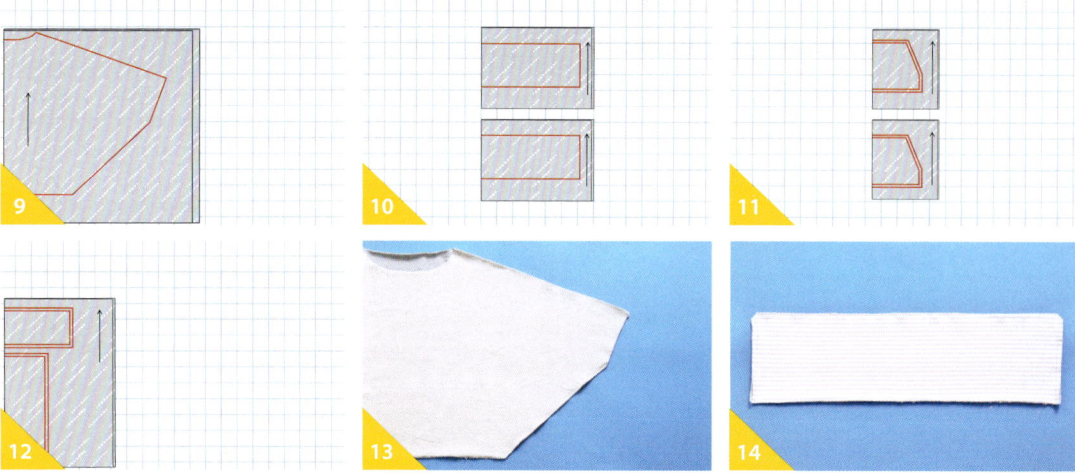

9. Rückenteil zuschneiden

Das Vorderteil kannst du als Vorlage für das Rückenteil benutzen, schneide aber den Halsausschnitt weniger tief – nur etwa 2 cm tief – zu. Die Nahtzugaben sind dann bereits enthalten.

10. Kragen zuschneiden

Für den Kragen miss die Länge des Halsausschnitts ab und addiere die Länge, um die die Kragenteile einander überlappen sollen. Überlege, wie hoch dein Kragen werden soll, und zeichne mit den beiden Maßen ein Rechteck, die Nahtzugaben kannst du gleich hinzufügen. Um das Kragenrechteck im Stoffbruch zuzuschneiden, zeichne es nur halb so breit auf den rechts auf rechts zusammengelegten Stoff. Schneide den Kragen einmal aus dem Hauptstoff und einmal aus dem Futterstoff zu.

11. Tasche zuschneiden

Für die Tasche zeichne ein Rechteck mit den gewünschten Abmessungen – hier sind es 29 x 17 cm – und schräge die oberen Ecken ab. Diese schrägen Linien müssen lang genug sein, dass deine Hand hindurchpasst. Wenn du die Tasche im Stoffbruch zuschneidest, musst du nur die halbe Tasche auf den Stoff zeichnen. Füge überall Nahtzugaben hinzu. Die Tasche wird einmal aus Außenstoff und einmal aus Futterstoff zugeschnitten.

12. Bündchen zuschneiden

Schneide nun für das Hüftbündchen ein Rechteck und für die Armbündchen zwei Rechtecke zu, jeweils doppelt so hoch wie die gewünschte fertige Höhe der Bündchen. Die Breite der Bündchen ergibt sich aus dem Saumumfang bzw. dem Umfang des Armlochs × 0,85. Überall Nahtzugaben hinzufügen.

13. Schulter- und Seitennähte schließen

Lege als Nächstes das Vorder- und Rückenteil rechts auf rechts aufeinander und schließe die Schulter- und die Seitennähte. Wenn dein Stoff ausfranst, versäubere die Nahtzugaben zusammengefasst und bügle sie danach zum Rückenteil hin.

14. Kragen nähen

Bevor du den Kragen nähst, verstärke noch die kurzen Enden des Rechtecks, das du aus dem Hauptstoff zugeschnitten hast, etwa 3 cm breit mit Bügeleinlage. Wenn dein Kragen mehr Stand haben soll, ist es auch möglich, das ganze Kragenrechteck zu verstärken.
Dann steckst du die beiden Kragenschnittteile rechts auf rechts aufeinander und nähst sie an den Seiten und an der Oberkante zusammen. An den Ecken schräge die Nahtzugaben ab, damit sich der Kragen schöner formt, wenn du ihn wendest.

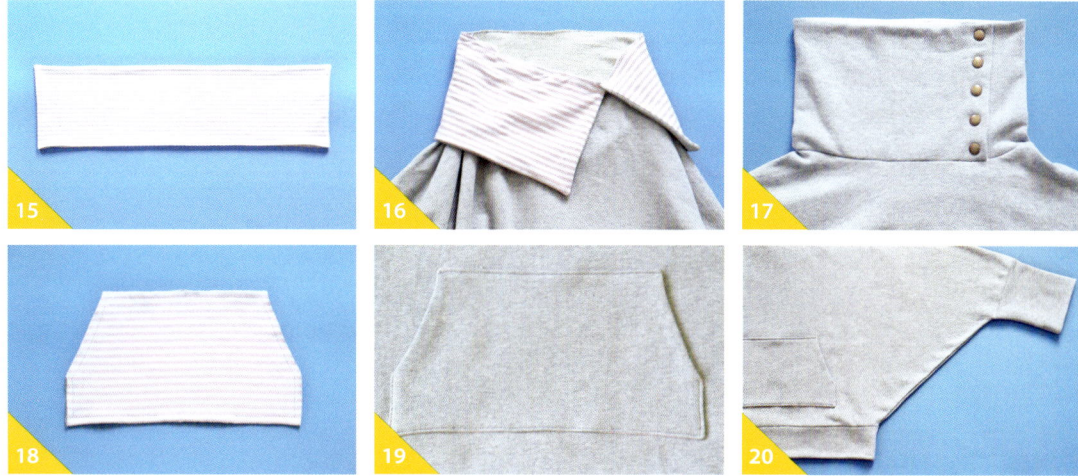

---

15. Kragen wenden

Wende den Kragen und bügle die Kanten ordentlich. Du kannst die Außenkanten auch absteppen.

16. Kragen annähen

Stecke den Kragen rechts auf rechts an den Ausschnitt, dabei überlappen die Kragenenden einander. Probiere aus, an welcher Stelle dir die Überlappung am besten gefällt, z. B. zwischen vorderer Mitte und Schulternaht. Nähe den Kragen an, versäubere die Nahtzugaben.

17. Knöpfe anbringen

Bringe nun an den überlappenden Enden des Kragens die Knöpfe an. Hier sind es Druckknöpfe, du kannst auch normale Knöpfe benutzen und Knopflöcher nähen.

18. Tasche zusammennähen

Lege die Schnittteile für die Tasche rechts auf rechts aufeinander. Nähe sie zusammen, lass dabei aber an der Unterkante eine Öffnung von 7–10 cm frei. An den Ecken kannst du die Nahtzugaben abschrägen.

19. Tasche aufnähen

Wende und bügle die Tasche, die schrägen Eingriffkanten kannst du absteppen. Dann stecke die Tasche in der gewünschten Höhe auf die Vorderseite des Pullovers.

Die Mitte der Tasche sollte auf die vordere Mitte des Vorderteils treffen. Nähe die Tasche seitlich unterhalb der Eingriffe sowie an Ober- und Unterkante fest, dabei wird auch die Wendeöffnung geschlossen.

20. Bündchen annähen

Nähe zum Schluss noch die beiden Armbündchen und das Hüftbündchen an: Die Bündchen jeweils gleichmäßig dehnen und an die unversäuberten Kanten anstecken, die offenen Kanten und Markierungen treffen aufeinander. Die Bündchen dann mit einem elastischen Stich festnähen. Wie das alles genau geht, kannst du auf Seite 18 und 19 noch einmal nachlesen.

TIPP/VARIANTEN

Du kannst ein seitlich offenes Cape nähen, wenn du den Schnitt für Vorder- und Rückenteil nur bis Punkt 3 zeichnest. Die kreisrunden Kanten des Capes werden dann nicht zusammengenäht und müssen deswegen versäubert werden – das funktioniert gut mit Schrägband oder mit Belegen. Alternativ könntest du das Cape füttern und Haupt- und Futterstoff an der Saumkante miteinander verstürzen.

Den Kragen kannst du auch als Rollkragen nähen, indem du ihn zum Ring zusammennähst und die Überlappung und die Knöpfe weglässt.

LÄSSIGES SHIRT FÜR KIDS

♥ MATERIAL

- Jersey mit Muster: Menge siehe Bild rechts

♥ MISS AM KIND

Um die gewünschte Shirtlänge zu ermitteln, miss von der Schulter bis z. B. zur Hüfte.

♥ SCHNITTERSTELLUNG & ZUSCHNITT

- 2× Shirtteil:
  - Länge: gewünschte Shirtlänge + 3 cm
    Breite: Ellbogen bis Ellbogen

- 2× Armbündchen:
  - Länge: 20 cm; Breite: Handumfang

- 1× Bauchbund:
  - Länge: 8 cm;
    Breite: (Bauchumfang + 10 cm) × 0,8

- 1× Halsbündchen:
  - Länge: 4 cm; Breite: Die Breite wird am fast fertigen Shirt abgemessen.

maß-geschneidert

Berechne die benötigte Größe deiner Rechtecke, zeichne sie auf deinen Stoff und schneide sie aus. Orientiere dich an der Dehnrichtung des Jerseys. Das fertige Shirt soll sich in der Breite dehnen.

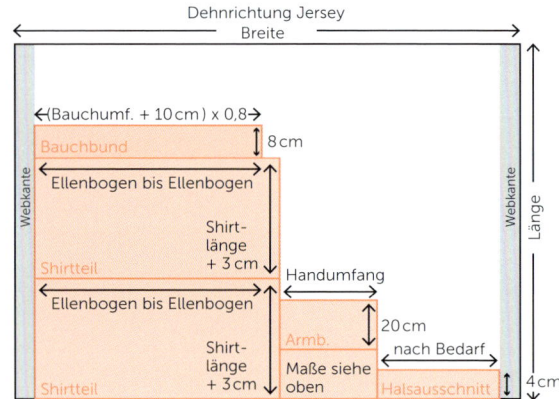

Das Shirt wird zweimal im Stoffbruch zugeschnitten. Für den Halsausschnitt nimm einen kleinen Teller zu Hilfe, bei den Ärmeln ein Lineal. Auch frei Hand ist das kein Problem. Trau dich! Orientiere dich beim Halsausschnitt an einem gut sitzenden, vorhandenen Shirt deines Kinds. Vordere und hintere Halsausschnitttiefe sind beim Fledermausshirt gleich.

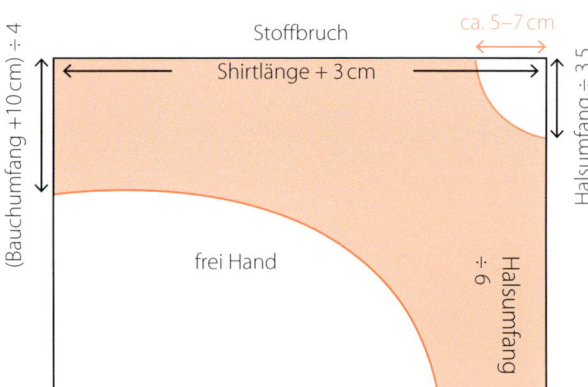

♥ LOS GEHT'S

---

1. Seiten- und Schulternähte schließen

Lege Vorder- und Rückseite des Shirts rechts auf rechts aufeinander. Schließe die Seitennähte mit einem Gerad- oder Overlock-Stich. Schließe auf die gleiche Weise die Schulternähte.

2. Armbündchen zusammennähen

Lege die seitlichen Kanten eines Armbündchens rechts auf rechts, schließe und versäubere die Naht. Falte diesen Stoffring so zur Hälfte, dass die rechte Seite außen liegt und die offenen Kanten aufeinander.

3. Armbündchen annähen

Wende das Shirt auf die rechte Seite. Stülpe das Bündchen rechts auf rechts auf die Ärmelöffnung des Shirts und stecke es fest. Alle offenen Kanten liegen aufeinander, die Naht des Armbündchens auf der unteren Naht des Shirts. Nähe und versäubere die Naht. Verfahre genauso mit dem zweiten Armbündchen.

4. Bauchbund annähen

Für den Bund am Bauch wiederholst du diese Schritte. Dabei sollte die Naht des Bunds genau auf einer Seitennaht liegen. Teile dafür Bund und Shirtkante mit Stecknadeln in vier gleiche Teile auf und stecke die entsprechenden Markierungsnadeln zusammen.

5. Halsbündchen vorbereiten

Falls du die Möglichkeit hast, probiere das Shirt an und überprüfe den Halsausschnitt. Bedenke, dass ca. 1,5 cm Bündchen hinzukommen. Miss nun mit dem Maßband den Halsausschnitt des Shirts nach. Um die benötigte Länge für das Halsbündchen zu erhalten, multipliziere das Ergebnis mit dem Faktor 0,8. Addiere eine Nahtzugabe von 1 cm an beiden Seiten dazu. Nähe das Bündchen an der kurzen Seite rechts auf rechts zu einem Ring. Falte und bügle diesen Ring der Länge nach rechts auf rechts, sodass die langen Kanten aufeinanderliegen.

6. Halsbündchen annähen

Teile den Bündchenring und den Halsausschnitt am Shirt wieder mit Stecknadeln in vier gleiche Teile auf und stecke das Halsbündchen an die Shirtkante, sodass die Bündchennaht in der hinteren Mitte liegt. Nähe das Bündchen mit einem elastischen Stich (z. B. schmal eingestellter Zickzackstich) oder Overlock-Stich an. Bügle die Nahtzugaben nach innen. Diese Naht wird abschließend mit einem langen Geradstich abgesteppt.

TIPP

Verwende für Ärmel, Halsausschnitt und Bauchbund einen Jersey in Kontrastfarbe. Da Jersey nicht ausfranst, ist das Versäubern der Nähte nicht unbedingt notwendig.

BEANIE

♥ MATERIAL

- Bündchenware (feste Qualität) oder Rippen-strick in Pink oder Grau: 55 cm, 120 cm breit
- Filzreste als Untergrund für den Plott (optional)
- Plott: „Herz" oder „Cosy" (Vorlage zum Download unter www.emf-verlag.de/produkt/alles-jersey-soft-and-cosy/)

♥ ZUSCHNITT

Nahtzugaben von 1 cm müssen an allen Kanten zugegeben werden.

- **Aus Bündchenware oder Rippenstrick**
  - 1 × Schnittteil 18 (Mütze, SB 1) im Stoffbruch
  - 1 × Schnittteil 19 (Umschlag, SB 1) im Stoffbruch

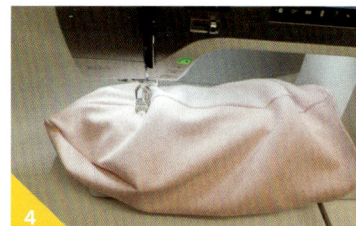

♥ LOS GEHT'S

---

1. Seitennähte schließen

Lege das Mützenteil und den Umschlag jeweils an der hinteren Mitte rechts auf rechts und nähe die Kanten mit Overlock- oder Zickzackstich aufeinander.

2. Rundung nähen

Falte das Mützenteil so, dass die hintere Naht nun mittig liegt und die Rundungen der Spitze genau aufeinander. Schließe die obere Rundung rechts auf rechts mit Overlock- oder Zickzackstich.

3. Umschlag und Mützenteil zusammennähen

Stecke den Umschlag und das Mützenteil links auf links, dabei sollen die hinteren Nähte aufeinandertreffen und die Nahtzugaben in verschiedene Richtungen zeigen. Nähe beide Teile an der Unterkante mit Overlock- oder Zickzackstich zusammen.

4. Umschlag fixieren

Wende die Mütze auf rechts und steppe einmal rundum die Mütze, sodass du den Umschlag innen ganz knapp entlang der oberen, offenen Kante festnähst.

5. Kante umschlagen

Schlage die Beanie-Unterkante zweimal nach außen um, sodass die Mütze die gewünschte Höhe erhält.

6. Plott aufnähen

Jetzt kannst du deinen Beanie noch mit einem Plott verzieren. Diesen kannst du hier herunterladen: www.emf-verlag.de/produkt/alles-jersey-soft-and-cosy/.

TIPP

Besonders toll sehen die Plotts auf einem Filzrechteck aus, das auf den Umschlag aufgenäht wird.

GÜRTEL

💛 MATERIAL

- Single-Jersey: 10 x 150 cm
- Anorakkordel: 310 cm, 0,8 cm Durchmesser
- 1 Karabinerhaken, Öffnung 2 cm breit
- 1 D-Ring, 2 cm Durchmesser
- Stopfnadel mit Spitze
- Zwirn zum Umwickeln
- Sicherheitsnadel, möglichst groß
- Klebeband (für die Kordelenden)

💛 ZUSCHNITT

Am besten machst du zuerst eine Nähprobe, siehe Tipp rechts, um die genaue Breite zu bestimmen, die deine Streifen haben müssen.

- **Aus Jersey**
  - 2× Stoffstreifen: 3,5 x 150 cm
    Alternativ dazu mehrere kurze Stücke aneinandernähen oder verschiedene Farben kombinieren. Wichtig ist nur das finale Maß von 3 m zum Knoten.

TIPP FÜR DEN ZUSCHNITT

Die Breite der Streifen muss dem Durchmesser der Kordel angepasst werden, damit diese schön eng im Jerseytunnel sitzt. Deshalb solltest du eine kleine Nähprobe machen: 10 cm Kordel abschneiden und um diese ein Stück Jersey herumlegen. Den Stoffstreifen eng um die Kordel legen und die Breite mit einer Nadel markieren. Kordel herausziehen, die Breite ausmessen und Nahtzugabe hinzufügen. Dann den kleinen Stoffstreifen als Tunnel abnähen und die Probekordel einziehen. Die Breite des Streifens ggf. noch einmal anpassen.

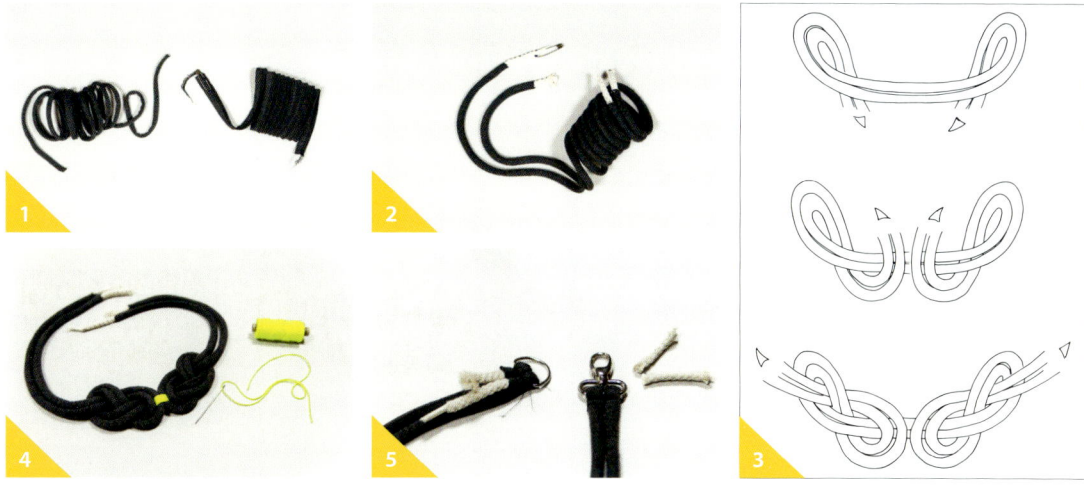

♥ LOS GEHT'S
---

1. Tunnel nähen

Schließe die Jerseystreifen der Länge nach rechts auf rechts zu zwei gleich langen Röhren, dann nach rechts wenden. Dafür eine Sicherheitsnadel an einem Streifenende in die Nahtzugabe stecken, nach innen stülpen und dann Stück für Stück durch den Tunnel schieben. Schneide die Nahtzugabe einfach etwas zurück, falls sie zu breit ist, damit der Tunnel nicht zu eng wird.

2. Kordel einziehen

Nun halbierst du die Kordel, umwickelst die Enden eng mit Klebeband, damit sie sich nicht aufzwirbeln, befestigst dann erst die Sicherheitsnadel und ziehst schließlich jede Kordel in einen Tunnel ein. Versuche, die Jerseyröhre möglichst gleichmäßig über die Kordel zu schieben, damit sich die Naht nicht verdreht. Sonst wird es schwierig, später die Naht ordentlich zu verstecken.

3. Kordeln knoten

Lege die Kordeln dicht nebeneinander. Markiere und fixiere die Kordeln in der Mitte mit einer Sicherheitsnadel. Dann von der Mitte ausgehend nach rechts und links die Schlaufen legen, wie in der Skizze gezeigt.

4. Schlaufen fixieren

Den Knoten entweder mit einigen unsichtbaren Handstichen sichern oder die Kordeln mit farbigem Zwirn um-wickeln. Dafür dicken Zwirn in eine spitze Stopfnadel einfädeln und die vordere Mitte des Gürtels mehrmals umwickeln. Auch Ton in Ton sieht das gut aus. Vernähe das Zwirnende auf der Innenseite.

5. Verschluss anbringen

Nun die Länge des Gürtels prüfen, dafür die Enden schon mal durch Karabiner und D-Ring schieben, den Gürtel umlegen, sodass der Knoten hinten sitzt und die Öffnung vorn, und dann die Kordeln so weit durch die Verschlüsse ziehen, dass der Karabiner und D-Ring in der Mitte sitzen. Die Gürtelenden jeweils fest zusammendrücken und mittig auf der Kordel zu nähen beginnen, mit Geradstich so eng wie möglich neben dem Verschluss nähen. Das geht am besten mit dem Reißverschlussfüßchen. Bei manchen Maschinen kann man auch die Nadelposition ganz nach rechts stellen, um dichter an den Verschluss zu kommen. Einige Male hin- und hernähen.

6. Kordelenden versäubern

Jetzt kannst du die überschüssige Kordel abschneiden: dafür den Jerseystreifen so weit wie möglich zur Quernaht zurückschieben und die Kordel knapp abschneiden. Den Jersey über das fransige Ende der Kordel schieben, Schlauchende evtl. noch einschlagen und von außen eine zweite Quernaht dicht neben der ersten steppen. Gürtel umlegen, einhaken, und fertig ist das gute Stück.

BALLERINAS

♥ **MATERIAL**

- Jersey in Hellgrau mit Punkten: 50 × 35 cm
- Jersey in Dunkelgrau: 25 × 35 cm
- Fleece in Cremeweiß: 70 × 35 cm
- Volumenvlies H640: 70 × 30 cm
- Gummiband, optional
- 2 × kleine Satinschleifen zur Verzierung

♥ **ZUSCHNITT**

Nahtzugaben von 1 cm müssen an allen Kanten zugegeben werden.

- **Aus Jersey in Hellgrau**
  - 2 × Schnittteil 20 (Ballerina-Oberteil, SB 2), im Stoffbruch
- **Aus Jersey in Dunkelgrau**
  - 2 × Schnittteil 21 (Sohle, SB 2)
- **Aus Fleece**
  - 2 × Schnittteil 20 (Ballerina-Oberteil, SB 2), im Stoffbruch
  - 2 × Schnittteil 21 (Sohle, SB 2)
- **Aus Volumenvlies (ohne Nahtzugaben)**
  - 2 × Schnittteil 20 (Ballerina-Oberteil, SB 2), im Stoffbruch
  - 2 × Schnittteil 21 (Sohle, SB 2)

♥ **LOS GEHT'S**

---

1. Vlies aufbügeln und Oberteile nähen

Zuerst werden alle Jerseyteile mit Volumenvlies verstärkt:
Lege das Vlies auf die linke Seite, ringsum muss die Nahtzugabe frei bleiben, damit die Nähte nicht zu wulstig
werden. Bügle das Vlies nach Herstellerangaben auf und
lass es abkühlen. Lege die verstärkten Jersey-Oberteile
rechts auf rechts auf die Fleece-Oberteile. Nähe sie entlang der inneren Rundung zusammen und schneide
dann die Nahtzugaben zurück.

2. Hintere Mitte schließen

Falte die beiden Lagen jeweils auseinander und lege sie
an der hinteren Mitte rechts auf rechts. Dabei treffen jeweils die gleichen Stoffarten aufeinander. Nähe entlang
der hinteren Mitte beide Teile zusammen.
Für mehr Halt an der Schuhöffnung kannst du ein Gummiband stark gedehnt mit Zickzackstich auf die Nahtzugabe zwischen Jersey und Fleece nähen.

3. Oberteil und Sohle zusammennähen

Jetzt werden Oberteil und Sohle miteinander verbunden: Lege jeweils die Jerseyseite des Oberteils und der
verstärkten Jerseysohle rechts auf rechts und nähe sie
ringsum zusammen.

4. Fleece-Sohle feststecken

Lege die Fleece-Sohle jeweils rechts auf rechts auf das
Fleece-Oberteil, dabei musst du die Schuh-Oberteile
zwischen den Sohlen zusammenschieben, damit du sie
nicht aus Versehen mit festnähst.

5. Fleece-Sohle annähen

Nähe die Fleece-Sohle rundherum fest, aber lass seitlich
– am besten an der Innenseite des Schuhs – eine kleine
Wendeöffnung frei.

6. Ballerinas wenden

Wende deine Ballerinas nach rechts und schließe die
Wendeöffnung mit einem Matratzenstich, siehe Seite 49.
Verziere die Ballerinas noch mit den Satinschleifchen.

TIPP

Für den Winter kannst du die Ballerinas mit glitzernden
Pailletten gestalten, die du vorn am Schuh aufnähst.

DECKE MIT BRIEFECKE

Maße
120 × 150 cm

💛 MATERIAL

- Stepp-Jersey in Grau: 125 × 155 cm
- Interlock-Jersey in Nude mit Muster: 135 × 165 cm
- Vlieseline H200: 45 cm, 90 cm breit oder Sprühstärke

💛 ZUSCHNITT

1 cm breite Nahtzugaben sind in den Maßen bereits enthalten.

- **Aus Stepp-Jersey**
  - 1 × Innenteil: 120 × 150 cm
- **Aus Interlock-Jersey**
  - 1 × Außenteil: 132 × 162 cm
- **Aus Vlieseline H200**
  - 7 × Streifen: 6 × 90 cm

TIPP

Du kannst die Decke natürlich auch in jedem anderen Maß nähen. Wenn die fertige Briefecke 5 cm breit sein soll, dann muss das Außenteil auf jeder Seite 6 cm größer sein als das Innenteil.

Möchtest du anstatt des Stepp-Jerseys lieber „normalen" Jersey verwenden, solltest du die Decke zusätzlich mit Volumenvlies verstärken.

♥ LOS GEHT'S

---

1. Kanten bügeln

Verstärke die Kanten des Außenteils auf der linken Stoff-seite jeweils 6 cm breit mit den Vlieselinestreifen, dabei werden die Streifen auf Stoß angestückelt. Alternativ kannst du die Kanten mit Sprühstärke versteifen. Bügle zuerst die Kanten von links an allen vier Seiten 11 cm leicht um (dieser Bruch dient nur als Orientierungshilfe, siehe Schritt 3), danach bügelst du alle Kanten jeweils 6 cm breit nach links um und am Ende die Kanten jeweils noch mal 1 cm breit, also in Nahtzugabenbreite, jeweils ab der Außenkante gemessen.

2. Briefecken nähen

Klappe die eingebügelten Kanten wieder auf und falte das Außenteil an den Ecken jeweils diagonal rechts auf rechts, sodass die Kanten ab der Spitze genau aufeinan-derliegen. Markiere die Stepplinie vom mittleren Bruch an der Diagonale ausgehend im rechten Winkel bis exakt zur Nahtzugabe. Nähe die Ecken nur bis zur Zugabe ab.

3. Briefecken wenden

Schneide die Nahtzugaben an den Ecken zurück. Wende alle Ecken nach rechts. Falte die Nahtzugaben nach innen und bügle den 5 cm breiten Umschlag noch einmal sorg-fältig. An der gebügelten Hilfslinie kannst du prüfen, ob der Umschlag gleichmäßig breit ist.

4. Innenteil feststecken

Jetzt wird das Stepp-Jerseyteil in den genähten „Rahmen" geschoben und an den Kanten sorgfältig festgesteckt. Bei einer sehr großen Decke kann es hilfreich sein, wenn du die Decke auch in der Mitte feststeckst.

5. Umschlag feststeppen

Zum Schluss wird der Rahmen festgenäht: Steppe den umgebügelten Rand ringsum knappkantig fest. Du kannst hierfür einen Geradstich der Nähmaschine verwenden oder einen dreigeteilten Zickzackstich. Letzterer ist für Anfänger gut geeignet.

POUF

Maße 50 × 50 cm

♥ MATERIAL

- Single-Jersey mit Streifen oder in Uni: 100 cm, 150 cm breit
- 3 kg Füllwatte
- Jerseynadel
- Schnur
- Obertransportfuß (erleichtert die Arbeit)
- Papprohr, 8,5 cm Durchmesser, ca. 100 cm lang
- Papprohr, 4,5 cm Durchmesser, ca. 130 cm lang, oder Besenstiel
- evtl. kleines Kissen (zum Ausstopfen des Poufs)

♥ ZUSCHNITT

1 cm breite Nahtzugaben sind in den Maßen bereits enthalten.

- **Aus Jersey**
  - 5 × Schlauchteil: 20 x 150 cm
    Alternativ kannst du dich nach dem Umfang der dickeren Pappröhre richten und die Streifenhöhe daran anpassen. Du kannst auch mehr Streifen zuschneiden – durch das Füllen dehnt sich der Schlauch (hier 7,5 m lang) stark, sodass man zum Knoten das Mindestmaß von ca. 8 m zur Verfügung hat.

TIPP FÜR DEN ZUSCHNITT

Du kannst natürlich mit den Streifen spielen und den Stoff längs oder quer zuschneiden. Je nach Richtung erhältst du dann Längs- oder Querstreifen – und der Pouf damit eine völlig andere Optik. Falls der Stoff breiter als 150 cm ist, umso besser, so hast du später ein bisschen mehr Spielraum beim Knoten. Lediglich die Webkante sollte entfernt werden, weil sie oft unregelmäßig geformt ist.

♥ **LOS GEHT'S**

---

1. Streifen zusammennähen

Nähe zwei Streifen an einer Schmalseite rechts auf rechts zusammen, dann den dritten Streifen ansetzen und so weiter, bis alle Streifen zusammengenäht sind. Stecke die Streifen jeweils passend aufeinander, damit sich ein fortlaufendes Muster ergibt. Nahtzugaben auseinanderbügeln, falls du mit der Nähmaschine genäht hast, oder zu einer Seite bügeln, wenn du mit der Overlock nähst.

2. Schlauch nähen

Dann den langen Streifen der Länge nach zur Hälfte falten und die Längskanten mit Quernadeln fixieren. Achte dabei auf den Musterverlauf und die Teilungsnähte. Diese sollten immer genau aufeinandertreffen und die Nahtzugaben in dieselbe Richtung zeigen. Nähe die Streifen zu einer langen Röhre zusammen.

3. Schlauch wenden

Schiebe dann ein Ende des Stoffschlauchs in die große Pappröhre, bis es auf der anderen Seite wieder herauskommt, und stülpe es dort über die Röhre. Nun schiebst du den gesamten Schlauch nach und nach in die Röhre und stülpst ihn nach und nach auf der anderen Seite darüber, bis der Schlauchanfang ebenfalls zum Vorschein kommt. So wird der Schlauch allmählich nach rechts gedreht. Und die Röhre eignet sich auch perfekt als Hilfsmittel zum Befüllen.

4. Schlauchende sichern

Das Ende des Schlauchs nun fest mit einem Stück Schnur umwickeln, diese gut verknoten. Im nächsten Schritt wird der Schlauch durch die Röhre nach und nach mit Watte gefüllt.

5. Schlauch befüllen

Dafür nimmst du jeweils eine größere Hand voll Watte, stopfst sie in das Rohr und schiebst sie mit der kleineren Röhre oder einem Besenstiel bis ans Schlauchende. Achte darauf, nicht zu viel Watte auf einmal in das Rohr zu stopfen, sonst staut sich alles, und du musst von vorn anfangen. Die Watte immer ein wenig auseinanderzupfen, damit sie später gleichmäßig im Schlauch liegt und keine Dellen in den Stoff drückt. Der Schlauch wird beim Füllen nach und nach vom Papprohr abgezogen.

6. Anderes Schlauchende sichern

Wenn der Schlauch komplett gefüllt ist, umwickle das Ende mit Schnur und sichere es mit einem doppelten Knoten. Dann geht es endlich an die raffinierte Verknotung: Lege die Schlaufen wie in der Abbildung auf Seite 87 am Anfang locker, damit genug Platz zum Durchziehen bleibt. Zum Ende hin müssen sie allerdings enger werden. Ziehe den Schlauch deshalb immer wieder nach, jedoch auf keinen Fall ruckartig am Stoff ziehen, sonst könnte die Naht reißen. Die Längsnaht immer wieder nach innen drehen, sie sollte nicht sichtbar sein.

7. Schlauchenden miteinander verknoten

Sobald der Pouf die gewünschte Form hat, kannst du die beiden Schlauchenden miteinander verknoten. Dafür ziehst du sie etwas aus dem Pouf heraus, verknotest sie miteinander oder umwickelst sie mit einer festen Schnur, dann kannst du sie wieder in die Knotenmitte stopfen. Ziehe noch mal alles gleichmäßig zurecht – fertig ist das neue Prunkstück für die Wohnung.

TIPP

Wenn der Pouf als Sitzkissen dienen soll und noch nicht rund genug ist, kannst du die Schläuche an einer Stelle auseinanderschieben und ein kleineres (normales) Kissen in die Mitte stopfen. Am besten in der Farbe des Poufs, dann ist es kaum sichtbar, nachdem du die Schläuche wieder zusammengeschoben hast.

1.

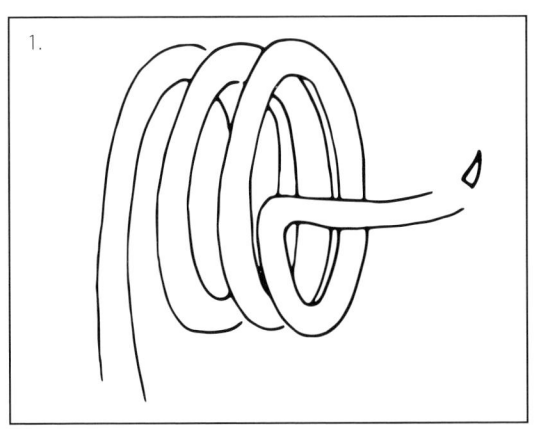

2.

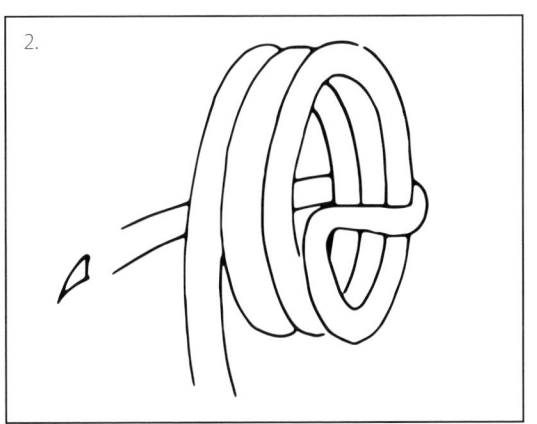

3.

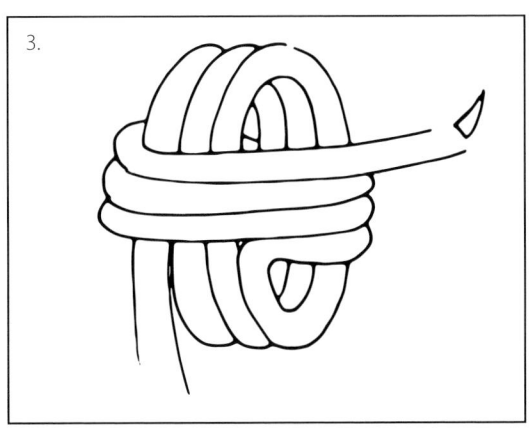

4.

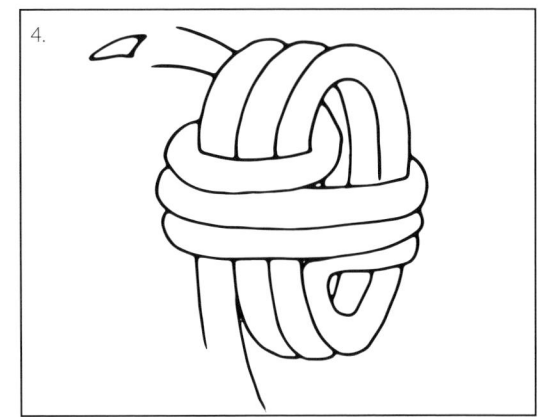

5.

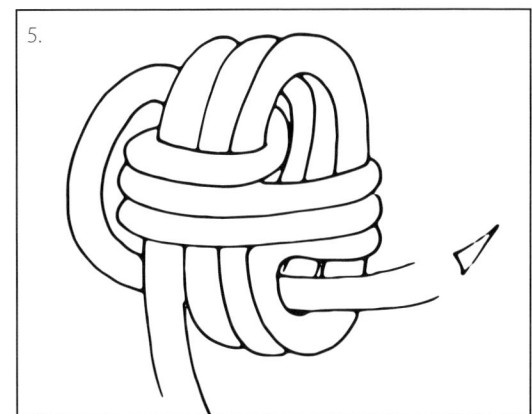

6.

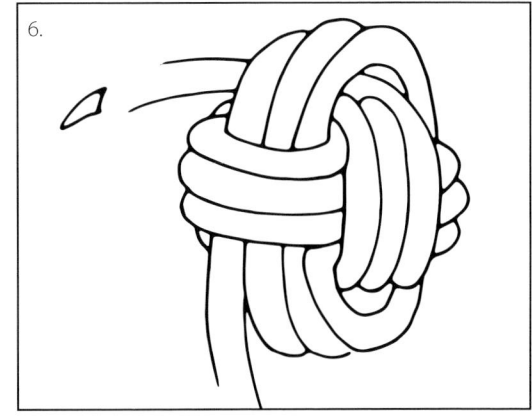

BABY-FÄUSTLINGE

♥ MATERIAL

- Sweatshirt-Stoff oder Fleece: 15 × 50 cm
- Bündchenstoff 15 × 30 cm
- Ein 4 cm breiter Jerseystreifen mit einer Länge von 80–90 cm

♥ ZUSCHNITT

1 cm breite Nahtzugaben müssen an allen Kanten zugegeben werden.

- **Aus Sweat oder Fleece**
  - 4× Schnittteil 22 (Fäustlinge, SB 2)
- **Aus Bündchenstoff**
  - 2× Schnittteil 23 (Fäustlinge Bündchen, SB 2)

♥ VARIANTE

Die Fäustlinge können auch mit einem Druck-knopf am Jackenärmel befestigt werden.

0–36 Monate

♥ LOS GEHT'S

---

1. Jerseyband nähen

Falte beim langen Jerseystreifen beide Kanten 1 cm breit zur Mitte, sodass sie sich genau in der Mitte treffen. Noch einmal mittig zusammenfalten; jetzt liegen vier Stofflagen aufeinander und alle Schnittkanten sind im Inneren verschwunden. Nähe mit dem Overlock-Stich der Haushaltsnähmaschine entlang der doppelten Kante den Streifen zur Kordel zusammen.

2. Fäustlingteile zusammennähen

Lege jeweils zwei Fäustlingteile rechts auf rechts aufeinander. Der Fäustling umhüllt den Daumen zusammen mit den übrigen Fingern. Nähe die geschwungene Kante mit einer Versäuberungsnaht (Overlock- oder Haushaltsnähmaschine) zusammen; die gerade Kante bleibt offen.

3. Bündchen zusammennähen

Nähe die Bündchen jeweils rechts auf rechts an den Seiten zu einem Schlauch zusammen.

4. Bündchen feststecken

Falte ein Bündchen auf die halbe Länge, sodass die rechte Seite außen und die offenen Kanten aufeinander liegen. Dann über einen Handschuh stülpen. Die drei offenen Kanten liegen aufeinander. Schiebe die Kordel von innen dazwischen und fixiere sie. Sie darf etwas über die Handschuhkante hinausragen – das überstehende Ende wird später (beim Annähen mit der Overlock) abgeschnitten.

5. Bündchen annähen

Wiederhole diese Schritte an dem anderen Handschuh. Nähe beide Bündchen mit einem dehnbaren Stich an. Über die Stelle mit der Kordel besonders langsam nähen, evtl. nur mit dem Handrad drehen. Wenn du dir ganz sicher sein willst, kannst du auch noch mal über diese Stelle nähen, dann hält die Kordel bombenfest.

6. Fäustlinge wenden

Die Fäustlinge wenden. Fertig! Jetzt kann die Winterkälte kommen. Einfach die Kordel durch die Jackenärmel fädeln – so kann nie wieder ein Handschuh verloren gehen, selbst wenn das Kind ihn abstreift. Und dadurch, dass der Daumen mit den übrigen Fingern zusammengepackt ist, bleibt er auch schön warm. Achte beim Anziehen darauf, dass die Kordel hinter dem Nacken deines Kindes vorbeiläuft.

WENDEHALSTUCH FÜR KINDER

Halsweite des Tuchs: 33 cm

♥ MATERIAL

- Jersey in Weiß gemustert: 40 × 25 cm

- Jersey in Hellblau gemustert: 40 × 25 cm

- 1 Jersey-Druckknopf
  Da das Halstuch aus dehnbarem Material besteht, musst du unbedingt einen Jersey-Druckknopf verwenden.

- Vlieseline G785: 10 × 10 cm (optional, wenn du sehr dünne Jerseys verwendest)

♥ ZUSCHNITT

1 cm breite Nahtzugaben müssen an allen Kanten zugegeben werden.

- **Aus Jersey in Weiß**
  - 1 × Schnittteil 24 (Wendehalstuch, SB 2) im Stoffbruch

- **Aus Jersey in Hellblau**
  - 1 × Schnittteil 24 (Wendehalstuch, SB 2) im Stoffbruch

TIPPS ZUR STOFFAUSWAHL

Toll sieht das Halstuch aus, wenn du Stoffe auswählst, die einen harmonischen Kontrast zueinander bilden. Beispielsweise kann der eine ein lebhaftes und der andere ein zurückhaltendes Muster in ähnlichen Farben zeigen oder du spielst mit Kontrastfarben.

♥ LOS GEHT'S

---

1. Vlieseline aufbügeln

Bei sehr dünnen Stoffen verstärkst du die Spitzen, an denen die Druckknöpfe eingesetzt werden, am besten mit Vlieseline.

2. Teile aufeinanderstecken

Stecke beide Halstücher rechts auf rechts aufeinander. Das geht, wie bei allen elastischen Stoffen, am besten mit kleinen Klammern.

3. Rundungen nähen

Nähe das Tuch, beginnend an der Halsrundung, mit einem Versäuberungsstich (Overlock- oder Zickzackstich) rundum zusammen. An den Rundungen die Nadel bzw. Nadeln im Stoff versenken, den Fuß anheben und den Stoff leicht drehen. Wieder ein paar Stiche nähen und dann erneut drehen. So wird die Rundung auch an der Overlock schön gleichmäßig rund.

4. Tuch zusammennähen

Nähe in der beschriebenen Weise einmal um das Halstuch herum, lass aber eine Wendeöffnung. Beende dafür etwa 5 cm vor dem Ende der Runde die Naht.

5. Tuch wenden

Wende das Halstuch durch die Öffnung hindurch und forme die Ecken gut aus. Das geht prima mit einem Wendewerkzeug, aber auch ein Kochlöffelstiel leistet hier gute Dienste. Bügle das Tuch gründlich flach. Schließe die Wendeöffnung anschließend mit dem Matratzenstich, siehe Seite 49.

6. Druckknopf montieren

Als letzten Schritt bringst du den Druckknopf an – das Oberteil an den einen und das Unterteil an den anderen Halstuchzipfel. Die Druckknopf-Position ist im Schnittmuster markiert.

STECKSCHAL FÜR BABYS

♥ MATERIAL

- Jersey in Weiß gemustert: 15 × 75 cm
- Sweat in Braun: 15 × 75 cm
- 1 kleines Stück Vlies zum Aufbügeln: 3 × 7 cm

♥ ZUSCHNITT

1 cm breite Nahtzugaben müssen an allen Kanten zugegeben werden.

- Aus Jersey
  - 1 × Schnitteil 25 (Steckschal, SB 1)
    Achtung: Schlitz noch nicht ausschneiden
- Aus Sweat
  - 1 × Schnitteil 25 (Steckschal, SB 1)
    Achtung: Schlitz noch nicht ausschneiden

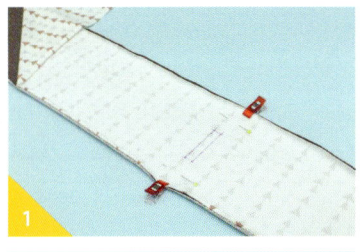

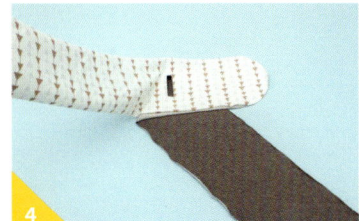

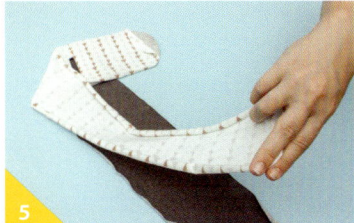

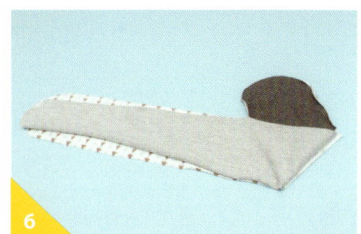

♥ LOS GEHT'S

---

1. Schlitz verstärken

Bügle auf der linken Seite eines Schalteils ein Stück Vlies auf Höhe des Schlitzes auf. Das verstärkt die Öffnung, sodass sie später nicht ausreißen kann. Übertrage die Markierung für den Schlitz auf das Vlies. Beide Schalteile rechts auf rechts aufeinanderstecken.

2. Schlitz nähen

Nähe die Markierung des Schlitzes mit einem Geradstich nach. Schneide den Schlitz des Schals ein. Dazu in der Mitte der Schlitzmarkierung einen geraden Schnitt setzen bis jeweils ca. 1 cm vor dem Rand. Von den Enden des geraden Schlitzes bis knapp vor die Ecken der Naht vorsichtig in Y-Form einschneiden.

3. Schal wenden

Jetzt wird der Steckschlitz des Schals fertiggestellt. Den Schal durch den Schlitz wenden und den Schlitz rundherum mit einem Geradstich knappkantig absteppen.

4. Schalenden aufeinanderlegen

Der Schlitz teilt den Schal in zwei ungleiche Teile. Nimmt man den Schlitz als Unterteilung, entstehen zwei kurze und zwei lange Enden. Beide Schalteile, der kurze und der lange, werden im Folgenden jeweils für sich rechts auf rechts zusammengenäht und gewendet. Dazu ist ein wenig Falttechnik nötig – aber keine Sorge, es hört sich komplizierter an, als es ist. Zunächst liegen die beiden kurzen Enden links auf links flach aufeinander. Die beiden längeren Schalenden klappst du auseinander.

5. Lange Schalenden rechts auf rechts legen

Im nächsten Schritt klappst du die beiden längeren Schalenden um den Schlitz herum zur Seite. Jetzt kannst du die längeren Schalenden rechts auf rechts aufeinanderlegen, sodass die Kanten beider Schalteile passgenau aufeinanderliegen. Die beiden linken Stoffseiten zeigen dabei jeweils nach außen.

6. Kurze Schalenden noch nicht bearbeiten

Die kürzeren Schalenden schauen währenddessen zur Seite heraus. Sie liegen mit ihren jeweils linken Seiten aufeinander und sind hier einfach in Ruheposition, bis sie drankommen, um ihrerseits weiterverarbeitet zu werden. Zunächst kümmerst du dich um die Fertigstellung der beiden längeren Schalenden des Steckschals.

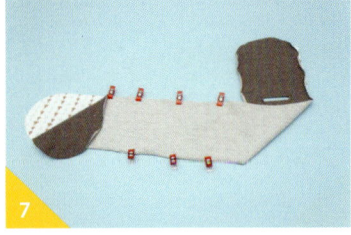

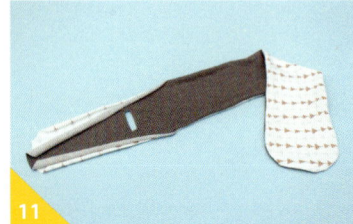
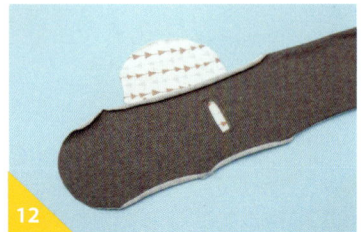

---

7. Lange Schalenden aufeinanderstecken

Die beiden langen Schalenden steckst du jetzt entlang der Seitenkanten und der Rundung rechts auf rechts aufeinander. Stecke überall, wo die längeren Schalenden direkt aufeinanderliegen. Dort, wo das kürzere Schalende dazwischenliegt, bleibt der Schal vorerst noch offen.

8. Lange Schalenden zusammennähen

Die längeren Schalenden nun mit einem Versäuberungsstich bis an den kurzen Teil heran vernähen. Als Versäuberungsstich eignet sich entweder ein Overlock-Stich, wenn du eine entsprechende Maschine hast, oder mit der Haushaltsnähmaschine ein Zickzackstich, der breit eingestellt ist. Der Stich muss breit genug sein, damit eine Seite über die Stoffkante hinwegreicht.

9. Schal wenden – erster Schritt

Greife vom kurzen Schalende her nun zwischen den beiden langen Schalenden in den Schal hinein und fasse den Stoff von innen.

10. Schal wenden – zweiter Schritt

Greife die Schalspitze und wende den Schal behutsam Stück für Stück. Nicht mit Gewalt daran zerren, denn ist der Anfang erst einmal gemacht, rutscht der Stoff ganz von allein nach und der Schlitzschal wird auf rechts gezogen. Vielleicht sieht er noch ein wenig knubbelig aus, aber auch das kannst du ganz leicht beheben.

11. Rundung ausformen

Drücke mit einem Kantenformer jetzt die Rundung gut heraus und bügle den Schal flach. Bitte nicht die Schere zum Ausformen verwenden, sonst gibt's Löcher.

12. Kurze Schalenden aufeinanderlegen

Falte jetzt die kurzen Enden zur Seite über das lange Schalteil, sodass die kurzen Schalenden rechts auf rechts liegen, mit den linken Seiten nach außen. Das bereits vernähte lange Schalende schaut zwischen den beiden Stoffen des kurzen Endes heraus und liegt logischerweise mit der rechten Seite nach außen.

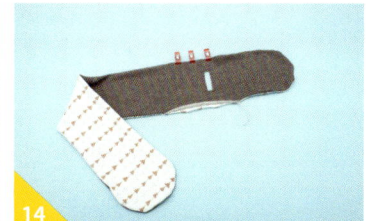

13. Kurze Schalenden zusammennähen

Stecke die Seiten und die Rundung des kurzen Schalendes zusammen, bis dicht an das dazwischenliegende lange Schalende heran. Nun das kurze Schalende mit einem Versäuberungsstich vernähen. Dabei bleiben auf beiden Seiten des Schals dort, wo das Steckloch ist, Öffnungen zwischen den beiden Nähten bestehen.

14. Kurzes Schalende wenden

Vom langen Ende her in das kurze Schalteil greifen und dieses wenden. Drücke die Rundung gut heraus und bügle den Schal. Klappe die Nahtzugabe an den Öffnungen nach innen, bügle sie flach und stecke sie fest.

15. Schal absteppen

Steppe den Schal umlaufend mit einem Dreifach-Geradstich (der ist schön elastisch) ab, dabei werden auch die Öffnungen geschlossen.

16. Schal umbinden

Nun ist der Schal fertig! Beim Tragen einfach das eine Schalende durch den Schlitz ziehen. So sitzt der Schal perfekt, ohne zu rutschen oder sich zu verheddern. Wenn du einen wärmeren und einen leichteren Stoff für den Schal verwendet hast, kannst du – je nach Wetter – den Schal variieren und die etwas kühlere oder wärmere Seite deinem Kind um den Hals legen.

SCHNITTMUSTER & ABKÜRZUNGEN

SCHNITTMUSTERBOGEN 1

- Schnittteil 1, Vorderteil
- Schnittteil 2, Rückenteil
- Schnittteil 4, Puffärmel
- Schnittteil 6, Brusttasche
- Schnittteil 8, Rückenteil
- Schnittteil 10, Basisrock Vorderteil
- Schnittteil 11, Basisrock Rückenteil
- Schnittteil 12, Basisrock Hüftbund
- Schnittteil 14, Beleg Halsausschnitt Vorderteil
- Schnittteil 15, Beleg Halsausschnitt Rückenteil
- Schnittteil 16, Bubikragen
- Schnittteil 17, Hüftbund
- Schnittteil 18, Mütze
- Schnittteil 19, Umschlag Mütze
- Schnittteil 25, Steckschal

ABKÜRZUNGEN

HM = Hintere Mitte
VM = Vordere Mitte
FDL = Fadenlauf
Bruch = Stoffbruch

SCHNITTMUSTERBOGEN 2

- Schnittteil 3, Ärmel
- Schnittteil 5, ausgestellter Ärmel
- Schnittteil 7, Vorderteil
- Schnittteil 9, Tubetop Brustbund
- Schnittteil 13, Ärmel
- Schnittteil 20, Ballerina Oberteil
- Schnittteil 21, Ballerina Sohle
- Schnittteil 22, Fäustlinge
- Schnittteil 23, Fäustlinge Bündchen
- Schnittteil 24, Wendehalstuch
- Schnittteil 26, Bandeau-Bra Vorderteil
- Schnittteil 27, Bandeau-Bra Seitenteil
- Schnittteil 28, Bandeau-Bra Rückenteil
- Schnittteil 29, Bandeau-Bra Vorderteil Futter
- Schnittteil 30, Bandeau-Bra Seitenteil Futter
- Schnittteil 31, Bandeau-Bra Rückenteil Futter
- Schnittteil 32, Bandeau-Bra Mittelschlaufe
- Schnittteil 33, Slip Vorderteil
- Schnittteil 34, Slip Rückenteil
- Schnittteil 35, Außenzwickel
- Schnittteil 36, Innenzwickel